개 한 권으로 총정리

바빠 초등 필수 영단어

Words

이지스에듀

지은이 윤미영

경희대학교 영문학과를 졸업하고 같은 대학에서 석사 학위를 받았습니다. 그 후 20여 년 동안 지학사, 디딤돌 등에서 초등학생과 중고생을 위한 영어 교재를 기획하고 만드는 일을 해 왔습니다. 키출판사에서는 ≪단어가 읽기다≫ 등을 집필했습니다.
아이들의 인지 능력과 언어 발달에 기초하고 초중고 교육과정에 맞는 학습 내용을 구성해서, 배운 내용을 자기 것으로 자연스럽게 익힐 수 있는 교재를 만들기 위해 노력해 왔습니다. 이러한 생각을 담아 이지스에듀에서 ≪바쁜 초등학생을 위한 빠른 영단어 Starter≫ 시리즈와 ≪바빠 초등 필수 영단어≫를 집필했습니다.

감수 Michael A. Putlack(마이클 A. 푸틀랙)

미국의 명문 대학인 Tufts University에서 역사학 석사 학위를 받은 뒤 우리나라의 동양미래대학에서 20년 넘게 한국 학생들을 가르쳤습니다. 교육 경험을 기반으로 ≪미국교과서 읽는 리딩≫같은 어린이 영어 교재를 집필했을 뿐만 아니라 ≪영이동화 100편≫시리즈, ≪7살 첫 영어 - 파닉스≫ 등 영어 교재 감수에도 참여했습니다.

바빠 초등 필수 영단어

초판 1쇄 발행 2022년 11월 1일
초판 4쇄 발행 2024년 8월 21일
지은이 윤미영
발행인 이지연
펴낸곳 이지스퍼블리싱(주)
출판사 등록번호 제313-2010-123호
주소 서울시 마포구 잔다리로 109 이지스 빌딩 5층(우편번호 04003)
대표전화 02-325-1722 **팩스** 02-326-1723
이지스퍼블리싱 홈페이지 www.easyspub.com **이지스에듀 카페** www.easysedu.co.kr
바빠 아지트 블로그 blog.naver.com/easyspub **인스타그램** @easys_edu
페이스북 www.facebook.com/easyspub2014 **이메일** service@easyspub.co.kr

편집장 조은미 **기획 및 책임 편집** 정지연 | 이지혜, 박지연, 김현주 **원어민 감수** Michael A. Putlack **교정 교열** 이수정
삽화 한미정, 김학수 **표지 및 내지 디자인** 정우영 **조판** 책돼지 **검답** 조유미 **인쇄** 보광문화사 **마케팅** 라혜주
영업 및 문의 이주동, 김요한(support@easyspub.co.kr) **독자 지원** 박애림, 김수경

ISBN 979-11-6303-414-8 63740
가격 15,000원

• **이지스에듀**는 이지스퍼블리싱(주)의 교육 브랜드입니다.
(이지스에듀는 학생들을 탈락시키지 않고 모두 목적지까지 데려가는 책을 만듭니다!)

이 책을 보는 친구들에게

초등 필수 영단어 800개를 빠르고 정확하게 익히는 방법!
《바빠 초등 필수 영단어》

Words 초등 영어 동화를 읽든, 회화를 연습하든 단어는 항상 기초가 됩니다. 그래서 단어의 양을 늘려 주면 모든 영어 공부가 편안해집니다.

그렇다면 단어는 어떻게 학습해야 할까요? 학년마다 알아야 할 영단어부터 빠르고 정확하게 익히는 것이 우선입니다.

이 책은 학년마다 알아야 할 영단어를 주제별로 모아 놓았을 뿐 아니라 정확히 기억하도록 유도해 줍니다. 또 단어를 교과서 문장으로 연습할 수도 있고요. 특히 단어끼리 연관된 특징을 익힌 후 문장까지 연결해 학습하므로 진짜 어휘력을 향상할 수 있습니다.

3~6학년 영어 교과서 5종을 완벽 분석한 영단어를 주제별로 모았어요!

이 책의 영단어 800개는 다음 3가지 기준으로 선정했습니다.

1) 초등 영어 교과서 필수 영단어 500개
2) 기수, 서수, 요일 등 일상생활 속 기본 영단어 200개
3) 합성어, 반의어, 다의어 등 영단어 100개

교과서 속 필수 영단어 500개

일상생활 속 기본 영단어 200개

합성어·반의어 다의어 100개

↓ ↓ ↓

초등 필수 영단어 800개 완성!

이렇게 모은 영단어 800개를 학년별로 나눈 뒤, 다시 주제별로 모았습니다.

먼저 학년별 영단어는 대교, 천재, YBM(김), YBM(최), 동아 등 주요 5종 교과서에서 공통으로 다룬 단어 200개를 선정했습니다. 그런 다음 교과서와 일상생활을 반영한 40개의 주제를 뽑고, 그에 맞는 단어끼리 모았습니다. 주제에 맞는 영단어가 나오면 연관해서 외우기 쉽기 때문입니다.

퀴즈로 확인하며 재미있게 배워요!

이 책은 바쁜 아이들이 단어를 효율적으로 익히도록 과학적인 학습법을 총동원해 만들었습니다.

1. 빠진 철자를 채우는 재미

단어에서 빠진 철자를 채워 보세요. 단어의 철자 구성에 유의하게 되어 기억이 강화되고, 쓰는 부담도 줄일 수 있습니다.

2. 바르게 쓴 단어 찾기 퀴즈

보기 중에서 철자를 바르게 쓴 단어를 찾아보세요. 단어의 정확한 철자를 기억하게 함으로써 집중해서 공부하는 효과도 있습니다.

3. 망각이 시작되기 전에 '도전! 영단어 테스트'

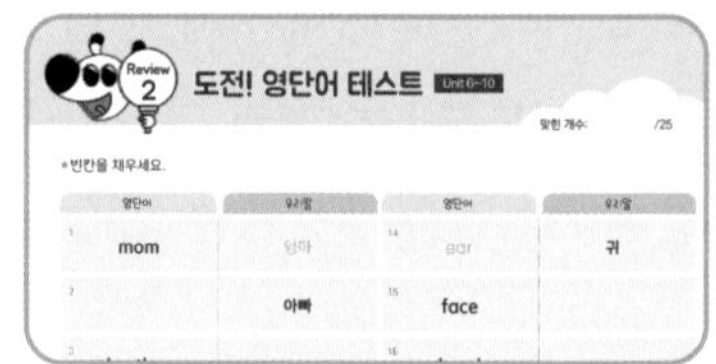

5개 유닛마다 앞에서 학습한 단어를 모아서 테스트하세요. 앞에서 공부한 단어의 기억이 사라지기 전에 스스로 시험을 보면 장기 기억으로 만들 수 있습니다.

4. 이 책의 별책 부록 '영단어 쓰기 노트'

책으로 단어를 배우고 배운 단어들을 영단어 쓰기 노트로 정리해 보세요. 친구들이 자주 틀리는 단어의 철자를 채우도록 구성해서 더 효과적으로 복습할 수 있습니다.

교과서 속 살아 있는 문장 150개도 익힐 수 있어요!

교과서 문장으로 연결해 배우면 단어의 의미를 더 잘 이해할 수 있을 뿐 아니라 교과서 기본 문형에 자연스럽게 적응하게 됩니다. 단순히 단어의 우리말 뜻만 암기하는 것이 아니라 영어 교과서에 익숙해지는 거죠. 그래서 이 책을 모두 마치고 나면 학교 영어 시간에 손을 번쩍 들 정도로 자신감이 생길 거예요.

자, 이제 바쁜 친구들이 즐거워지는 빠른 영어 학습법을 만나 볼까요?

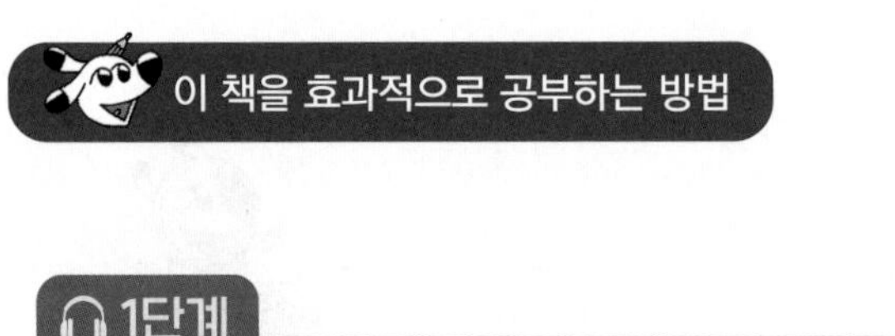

이 책을 효과적으로 공부하는 방법

1단계

원어민 발음을 들으며 단어 익히기

QR코드를 찍어 단어의 정확한 발음을 듣고 문제를 풀어 보세요. 빠진 철자는 채우고 바르게 쓴 단어를 찾으면서 단어를 익혀 보세요.

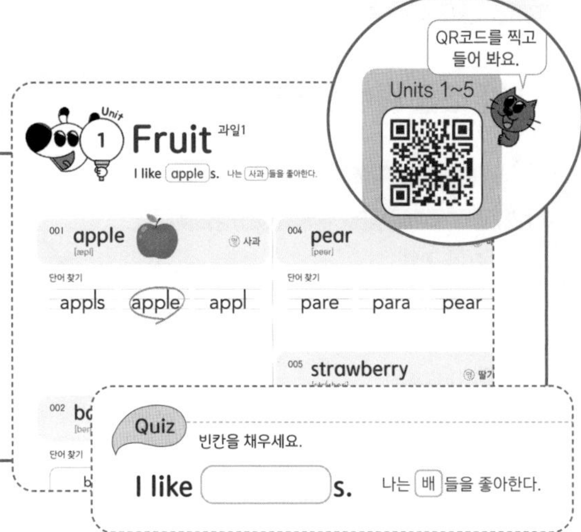

2단계

복습으로 기억 되살리기

5개의 주제, 25개의 단어를 한번에 복습하세요. 영단어의 우리말을 쓰거나 우리말에 어울리는 영단어를 쓰면서 반복 학습을 합니다.

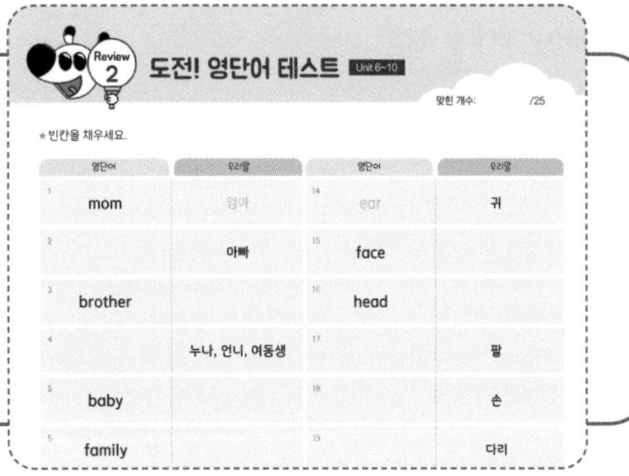

Review 2 도전! 영단어 테스트 Unit 6~10

맞힌 개수: /25

빈칸을 채우세요.

영단어	우리말	영단어	우리말
1 mom	엄마	14 ear	귀
2	아빠	15 face	
3 brother		16 head	
4	누나, 언니, 여동생	17	팔
5 baby		18	손
5 family		19	다리

3단계

단어 쓰기 노트로 다시 한번 정리하기

전체 단어를 쓰기 노트로 정리하세요! 빠진 철자를 써넣으며 앞에서 배운 단어들을 다시 정리해 보세요.
음원을 듣고 받아쓰는 용도로 활용해도 좋아요.

영단어	빈칸 채우기	2번씩 쓰기	
apple 사과	a pple		
banana 바나나	ban na		
grape 포도	gra e		
pear 배	p ar		
strawberry 딸기	stra berry		

Unit 2 Food

영단어	빈칸 채우기	2번씩 쓰기	
bread 빵	bre d		
hamburger 햄버거	ha burger		

바빠 초등 필수 영단어

첫째 마당 · 3학년 교과서 영단어

공부한 유닛에 ✓표를 해 보세요.

둘째 마당 · 4학년 교과서 영단어

공부한 유닛에 ✓표를 해 보세요.

바빠 초등 필수 영단어

셋째 마당 · 5학년 교과서 영단어 공부한 유닛에 ✓표를 해 보세요.

넷째 마당 · 6학년 교과서 영단어

공부한 유닛에 ✓표를 해 보세요.

영어 단어는 8가지 종류(8품사)로 나눌 수 있어요. 이 때 품사는 문장을 이루는 여러 단어를 일정한 기준에 따라 나누어 묶은 것을 말해요. 아래 영어 문장에서 각 단어가 어떤 품사인지 알아볼까요?

You	can	see	Africa	on	this	map.
대명사		동사	명사	전치사		

명사 noun	사람, 사물, 장소 등 모든 것에 붙여진 이름을 말해요. ㉮ apple, banana, fish
동사 verb	움직임(동작/행동) 또는 상태를 나타내는 말이에요. ㉮ swim, read, write
형용사 adjective	명사를 꾸며 주는 말로 모양, 색, 특징 등을 나타내요. ㉮ pretty, young, cute
부사 adverb	동사, 형용사 등을 꾸며 주는 말이에요. ㉮ always, usually, often
전치사 preposition	명사나 대명사 앞에서 다른 단어와의 관계를 나타내는 말이에요. ㉮ behind, between, beside
대명사 pronoun	사람, 사물, 장소 등의 명사 대신 사용하는 말이에요. ㉮ she, he, they
감탄사 interjection	감정이나 느낌을 나타내는 말이에요. ㉮ oh, wow, oops
접속사 conjunction	단어나 구, 절을 이어 주는 말이에요. ㉮ and, or, but

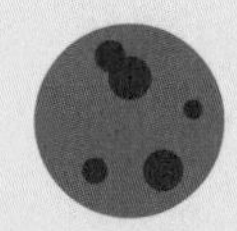

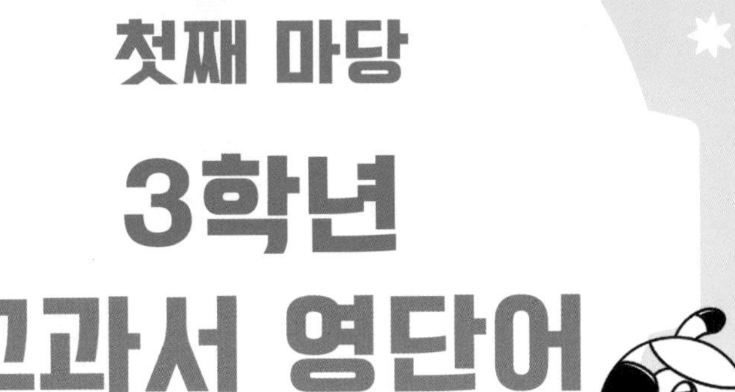

첫째 마당

3학년 교과서 영단어

주제별로 알아보는 3학년 영단어

Unit 1 Fruit 과일1

I like apple s. 나는 사과 들을 좋아한다.

001 **apple** [æpl] ㉺ 사과

단어 찾기

appls apple appl

002 **banana** [bənǽnə] ㉺ 바나나

단어 찾기

banan	banane
banana	banna

003 **grape** [greip] ㉺ 포도

단어 완성하기

g _ a _ e

004 **pear** [peər] ㉺ 배

단어 찾기

pare para pear

005 **strawberry** [strɔ́ːberi] ㉺ 딸기

단어 찾기

strewberry	strawbery
straberry	strawberry

strawberry가 여러 개일 때는 I like strawberries.라고 말해요.

단어에 알맞은 우리말을 고르세요.

grape	☐ 사과	☐ 포도
pear	☐ 배	☐ 바나나
strawberry	☐ 포도	☐ 딸기

Quiz 빈칸을 채우세요.

I like ______ s. 나는 배 들을 좋아한다.

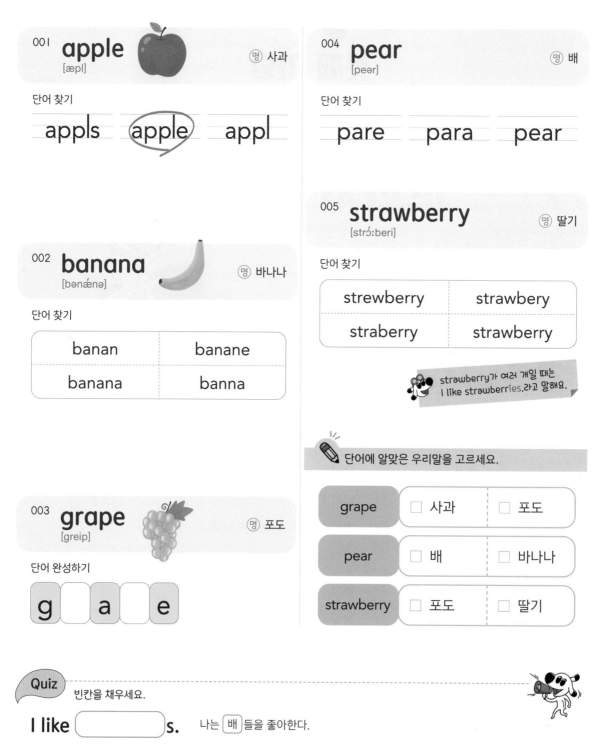

Unit 2 Food 음식1

Do you like bread? 너는 빵을 좋아하니?

006 **bread** [bred] ⓜ 빵

단어 완성하기

b				d

007 **hamburger** [hǽmbəːrgər] ⓜ 햄버거

단어 찾기

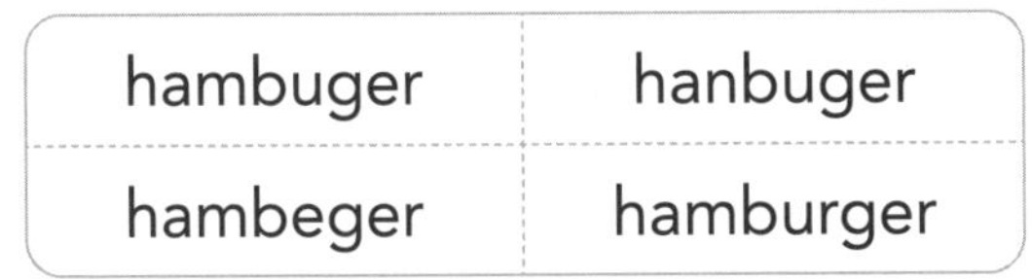

hambuger	hanbuger
hambeger	hamburger

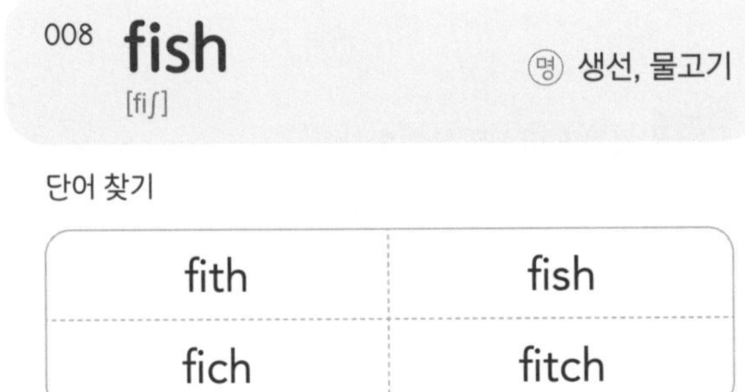

008 **fish** [fiʃ] ⓜ 생선, 물고기

단어 찾기

fith	fish
fich	fitch

009 **pizza** [píːtsə] ⓜ 피자

단어 찾기

pizz pizza pizzo

010 **salad** [sǽləd] ⓜ 샐러드

단어 찾기

salada salab salad

교과표현 좋아하는 음식인지 묻고 답하기

Ⓐ Do you like bread?
너는 빵을 좋아하니?

Ⓑ Yes, I do. / No, I don't.
응, 그래. / 아니, 안 그래.

Quiz 빈칸을 채우세요.

Do you like [ ]? 너는 피자를 좋아하니?

좋아하는 음식인지 물을 때는 <Do you like + 음식 이름?>으로 말해요.

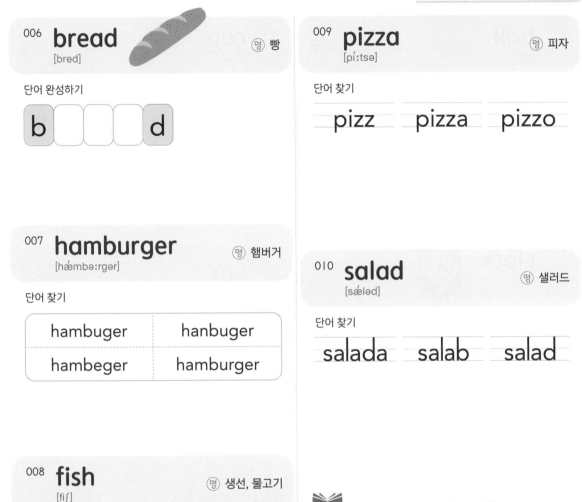

Unit 3 Things 물건

It is a ball. 그것은 공이다.

011 **ball** [bɔːl] ⓜ 공

단어 찾기

ball bale balle

012 **clock** [klak] ⓜ 시계

단어 찾기

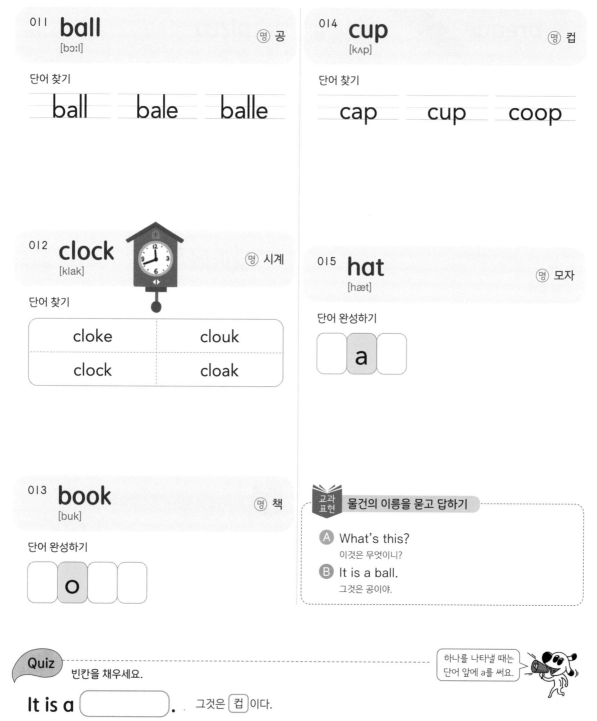

cloke	clouk
clock	cloak

013 **book** [buk] ⓜ 책

단어 완성하기

	o		

014 **cup** [kʌp] ⓜ 컵

단어 찾기

cap cup coop

015 **hat** [hæt] ⓜ 모자

단어 완성하기

	a	

교과표현 물건의 이름을 묻고 답하기

Ⓐ What's this?
이것은 무엇이니?

Ⓑ It is a ball.
그것은 공이야.

Quiz 빈칸을 채우세요.

It is a ______. 그것은 컵이다.

하나를 나타낼 때는 단어 앞에 a를 써요.

Animals 동물1

Is it a dog? 그것은 개니?

016 **dog** [dɔːg] 명 개

단어 찾기

dag dot dog

017 **cat** [kæt] 명 고양이

단어 찾기

cap cat cab

018 **rabbit** [rǽbit] 명 토끼

단어 완성하기

r		b			

019 **horse** [hɔːrs] 명 말

단어 찾기

house	horse
hoser	hore

020 **bird** [bəːrd] 명 새

단어 완성하기

	i		d

단어에 알맞은 우리말을 고르세요.

horse	□ 새	□ 말
cat	□ 개	□ 고양이
rabbit	□ 토끼	□ 말

Quiz 빈칸을 채우세요.

Is it a ______? 그것은 새니?

Unit 5 Action 동작1

I can [swim]. 나는 [수영할] 수 있다.

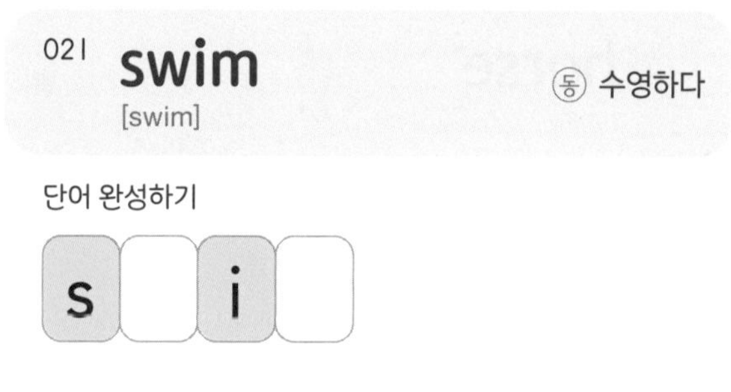

021 **swim** [swim] ㊍ 수영하다

단어 완성하기

s		i	

022 **ski** [ski:] ㊍ 스키를 타다

단어 찾기

skii　　ske　　ski

023 **jump** [dʒʌmp] ㊍ 높이 뛰다

단어 완성하기

		m	

024 **read** [ri:d] ㊍ 읽다

단어 찾기

red　　read　　raed

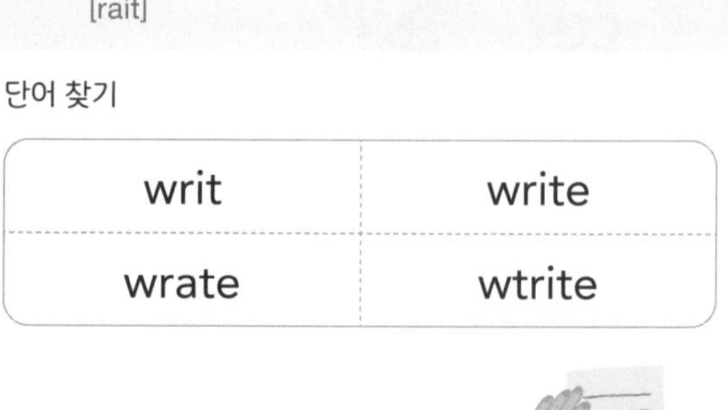

025 **write** [rait] ㊍ (글자, 숫자 등을) 쓰다

단어 찾기

writ	write
wrate	wtrite

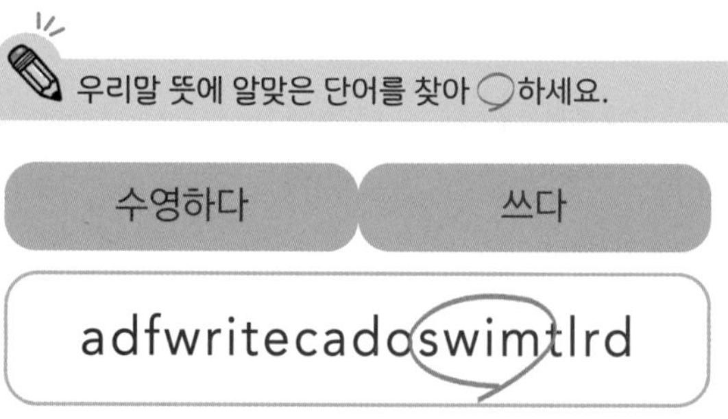

우리말 뜻에 알맞은 단어를 찾아 ○하세요.

수영하다	쓰다

adfwritecadoswimtlrd

Quiz 빈칸을 채우세요.

I can [　　　]. 나는 [스키탈] 수 있다.

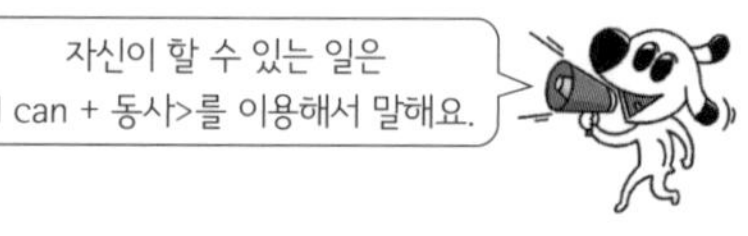

자신이 할 수 있는 일은
<I can + 동사>를 이용해서 말해요.

도전! 영단어 테스트 Units 1~5

맞힌 개수: /25

★ 빈칸을 채우세요.

영단어	우리말	영단어	우리말
1 apple	사과	14 clock	시계
2	배	15 hat	
3	딸기	16 dog	
4 banana		17	고양이
5 grape		18	토끼
6 pizza		19	말
7	빵	20 bird	
8	햄버거	21 jump	
9	생선, 물고기	22 ski	
10 salad		23	읽다
11 ball		24	수영하다
12	책	25	(글자, 숫자 등을) 쓰다
13	컵		

•정답은 208쪽에서 확인하세요!

Unit 6 Family 가족1

She is my mom. 그녀는 나의 엄마이다.

026 **dad** [dæd] ⓜ 아빠

단어 찾기

dab dod dad

"그는 나의 아빠야"라고 말하려면 남자를 가리키는 He(그는)를 이용해서, He is my dad.라고 해요.

027 **mom** [maːm] ⓜ 엄마

단어 찾기

mem mon mom

028 **brother** [brʌ́ðər] ⓜ 형, 오빠, 남동생

단어 찾기

brothe	borther
brothor	brother

"그는 나의 형이야"라고 말하려면 형도 남자니까, He is my brother.이라고 해요.

029 **sister** [sístər] ⓜ 누나, 언니, 여동생

단어 찾기

sistor	sistre
sister	sitser

030 **baby** [béibi] ⓜ 아기

단어 완성하기

b _ b _

우리말 뜻에 알맞은 단어를 고르세요.

엄마	□ mom	□ dad
아기	□ baby	□ brother
아빠	□ sister	□ dad

Quiz 빈칸을 채우세요.

my는 '나의'라는 뜻이에요.

He is my ______. 그는 나의 형이다.

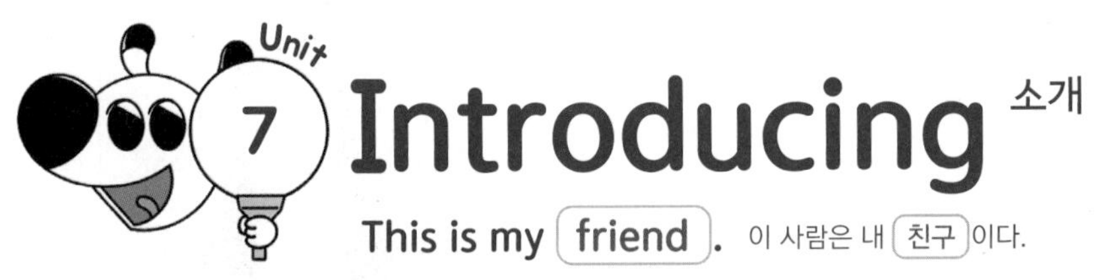

Introducing 소개

This is my friend. 이 사람은 내 친구이다.

031 **friend** [frend] ⓜ 친구

단어 완성하기

f		i			

032 **family** [fǽməli] ⓜ 가족

단어 찾기

famiy	femily
family	familly

033 **student** [stú:dnt] ⓜ 학생

단어 완성하기

s		u				

034 **robot** [róubɑ:t] ⓜ 로봇

단어 찾기

robut	rovot
lobot	robot

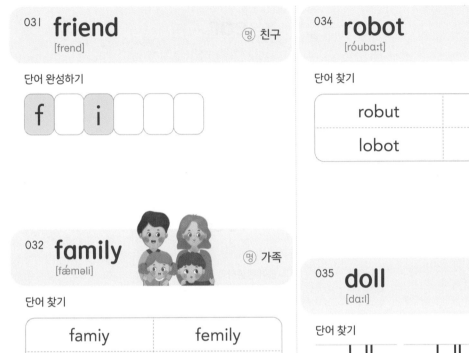

035 **doll** [dɑ:l] ⓜ 인형

단어 찾기

dall　doll　dell

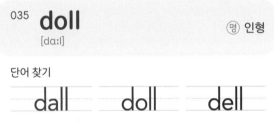

우리말 뜻에 알맞은 단어를 찾아 ◯하세요.

친구	가족

wcafamilygranfriendered

Quiz 빈칸을 채우세요.

This is my ________. 이 사람은 내 학생이다.

사람이나 사물을 상대방에게 소개할 때는 <This is ~>로 말해요.

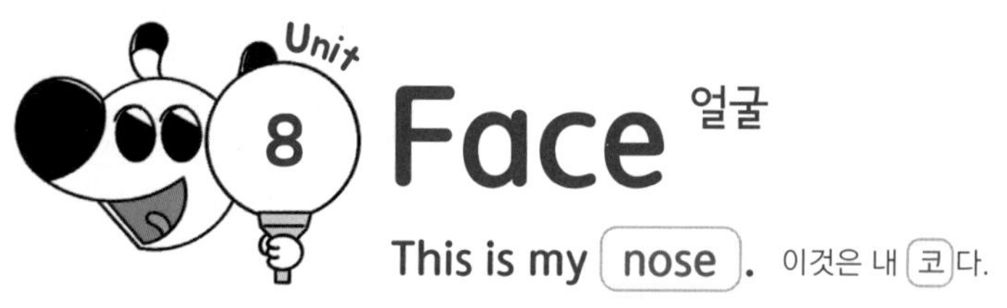

Face 얼굴

This is my nose. 이것은 내 코다.

036 **eye** [ai] 명 눈

단어 찾기

evi ive eye

037 **nose** [nouz] 명 코

단어 찾기

noue	nose
noser	nore

038 **mouth** [mauθ] 명 입

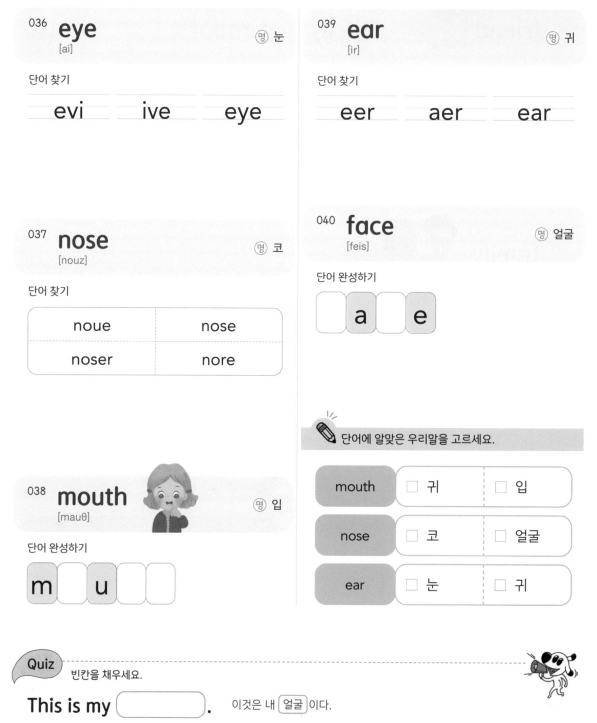

단어 완성하기

m _ u _ _

039 **ear** [ir] 명 귀

단어 찾기

eer aer ear

040 **face** [feis] 명 얼굴

단어 완성하기

_ a _ e

단어에 알맞은 우리말을 고르세요.

mouth	□ 귀	□ 입
nose	□ 코	□ 얼굴
ear	□ 눈	□ 귀

Quiz 빈칸을 채우세요.

This is my ______. 이것은 내 얼굴이다.

Body 신체1

I have hand s. 나는 손 들이 있다.

041 **head** [hed] 명 머리

단어 완성하기

| | e | | d |

head는 한 개이므로
I have a head.라고 하면 돼요.

042 **arm** [ɑːrm] 명 팔

단어 찾기

am amr arm

043 **hand** [hænd] 명 손

단어 완성하기

| h | | | |

044 **foot** [fut] 명 발

단어 찾기

faet	foot
fote	feat

두 발은 foots가 아니라
feet로 써요.

045 **leg** [leg] 명 다리

단어 찾기

log legg leg

우리말 뜻에 알맞은 단어를 고르세요.

머리	□ arm	□ head
다리	□ leg	□ hand
발	□ head	□ foot

Quiz 빈칸을 채우세요.

I have ______ s. 나는 팔 들이 있다.

Unit 10 Action 동작2

Can you fly? 너는 날 수 있니?

046 **dance** [dæns] 동 춤추다

단어 완성하기

d		n		

047 **skate** [skeit] 동 스케이트를 타다

단어 찾기

skat	skate
sakte	skake

048 **walk** [wɔːk] 동 걷다

단어 찾기

wakl	wlka
walk	wlak

049 **run** [rʌn] 동 달리다

단어 찾기

ren ran run

050 **fly** [flai] 동 날다

단어 완성하기

	l	

우리말 뜻에 알맞은 단어를 찾아 ◯하세요.

스케이트를 타다 춤추다

fwadanceiteskatetlrd

Quiz 빈칸을 채우세요.

상대방에게 할 수 있는 일을 물을 때 <Can you + 동사?>로 말해요.

Can you ______? 너는 달릴 수 있니?

도전! 영단어 테스트 Units 6~10

맞힌 개수: /25

★ 빈칸을 채우세요.

영단어	우리말	영단어	우리말
1 mom	엄마	14 ear	귀
2	아빠	15 face	
3 brother		16 head	
4	누나, 언니, 여동생	17	팔
5 baby		18	손
6 family		19	다리
7	학생	20 foot	
8 robot		21 dance	
9	인형	22 skate	
10 friend		23	걷다
11 eye		24	달리다
12	코	25	날다
13	입		

•정답은 208쪽에서 확인하세요!

Unit 11 People 사람들1

He is cute. 그는 귀엽다.

051 **pretty** [príti] 형 예쁜

단어 완성하기

p		e			

052 **cute** [kjuːt] 형 귀여운

단어 찾기

cutee　cute　cuet

053 **old** [ould] 형 나이든

단어 찾기

old　ode　odl

054 **young** [jʌŋ] 형 어린

단어 찾기

yeoung	yong
young	yorng

055 **tall** [tɔːl] 형 키가 큰

단어 완성하기

t			

우리말 뜻에 알맞은 단어를 찾아 ◯하세요.

키가 큰　어린

dfwcyoungatbtallkred

Quiz 빈칸을 채우세요.

She is ________. 그녀는 예쁘다.

사람의 외모를 말할 때 여자면 She is ~, 남자면 He is ~로 말해요.

Size 크기

It is small. 그것은 작다.

056 **small** [smɔːl] 형 작은

단어 완성하기

	m		l	

057 **big** [big] 형 큰

단어 찾기

big bag beg

058 **fat** [fæt] 형 뚱뚱한

단어 찾기

fet fat fatt

059 **long** [lɔːŋ] 형 긴

단어 완성하기

	o		

060 **short** [ʃɔːrt] 형 짧은

단어 찾기

shot	shrot
shotr	short

우리말 뜻에 알맞은 단어를 고르세요.

긴	□ long	□ short
짧은	□ small	□ short
작은	□ small	□ big

Quiz 빈칸을 채우세요.

It is ______. 그것은 크다.

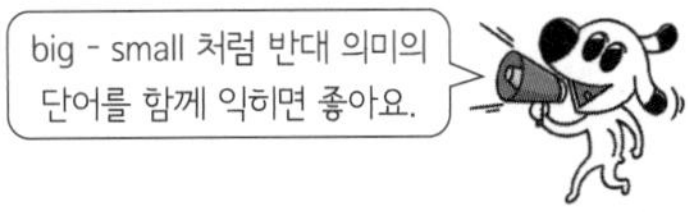

big - small 처럼 반대 의미의 단어를 함께 익히면 좋아요.

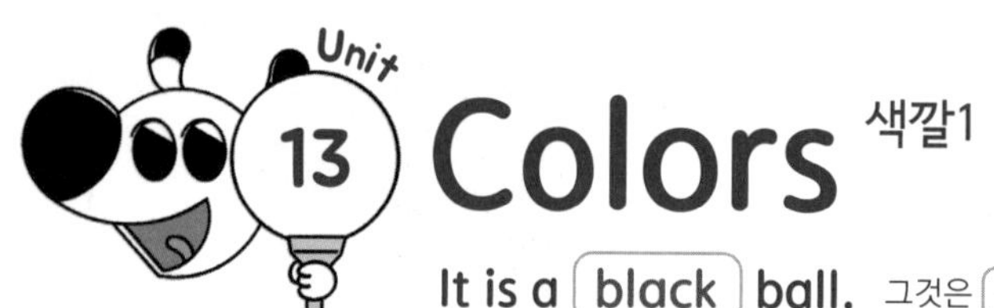

Unit 13 Colors 색깔1

It is a [black] ball. 그것은 [검은색의] 공이다.

061 **black** [blæk] ㉻ 검은색의

단어 완성하기

b _ a _ _

064 **yellow** [jélou] ㉻ 노란색의

단어 찾기

yeoolw	yelow
yellow	ylloew

062 **green** [gri:n] ㉻ 초록색의

단어 찾기

gren grean green

065 **blue** [blu:] ㉻ 파란색의

단어 완성하기

b _ u _

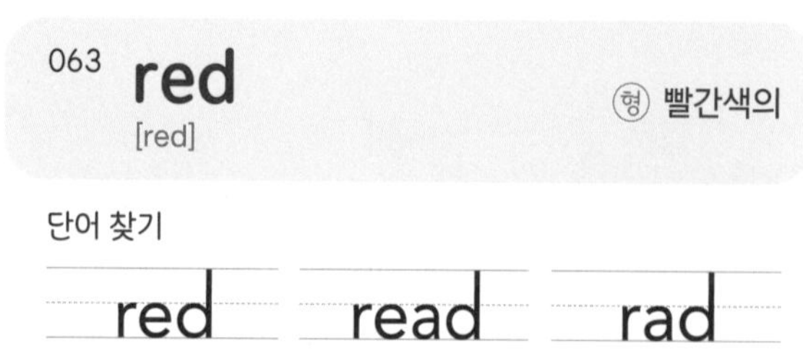

063 **red** [red] ㉻ 빨간색의

단어 찾기

red read rad

교과 표현 색깔을 묻고 답하기

Ⓐ What color is it?
그것은 무슨 색깔이니?

Ⓑ It's black.
그것은 검정색이야.

Quiz 빈칸을 채우세요.

It is a [ ] ball. 그것은 [노란색의] 공이다.

Unit 14 Weather 날씨1

It's [raining] today. 오늘은 [비가 오고 있]다.

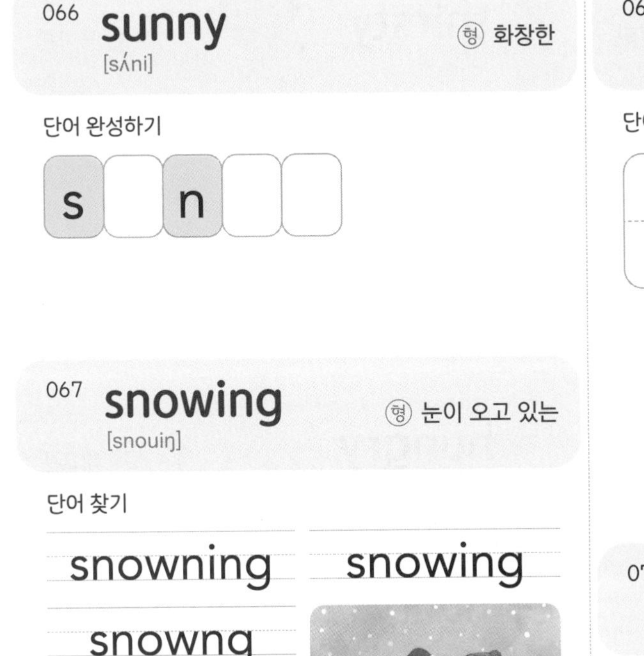

066 **sunny** [sʌ́ni] ⓗ 화창한

단어 완성하기

s _ n _ _

067 **snowing** [snouiŋ] ⓗ 눈이 오고 있는

단어 찾기

snowning
snowing
snowng

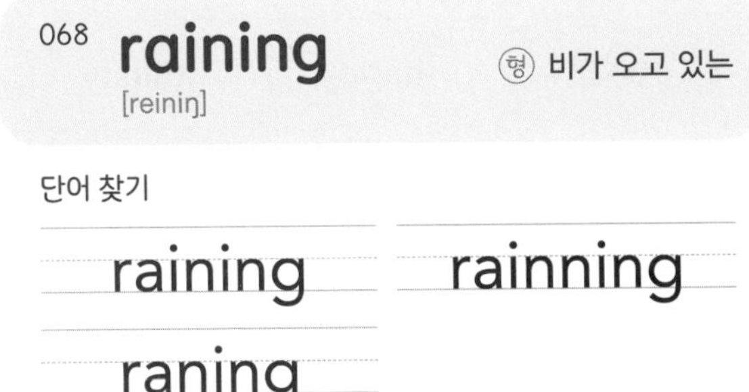

068 **raining** [reiniŋ] ⓗ 비가 오고 있는

단어 찾기

raining
rainning
raning

069 **windy** [wíndi] ⓗ 바람이 부는

단어 찾기

wind	winy
windy	widny

070 **cloudy** [kláudi] ⓗ 흐린

단어 찾기

cloud	coldy
cloudy	clody

우리말 뜻에 알맞은 단어를 찾아 ◯하세요.

바람이 부는 / 눈이 오고 있는

dgresnowingthiwindynadg

Quiz 빈칸을 채우세요.

It's [ ] today. 오늘은 [흐리]다.

오늘의 날씨를 말할 때 <It's + 날씨>로 나타내며, It's는 It is의 줄임말이에요.

Feelings 감정1

Are you happy? 너는 행복하니?

071 **happy** [hǽpi] ⓗ 행복한

단어 완성하기

h			p	

072 **sad** [sæd] ⓗ 슬픈

단어 찾기

sod sad sade

073 **angry** [ǽŋgri] ⓗ 화가 난

단어 완성하기

		g		y

074 **thirsty** [θə́:rsti] ⓗ 목마른

단어 찾기

thirty	thirsty
thirsy	thristy

075 **hungry** [hʌ́ŋgri] ⓗ 배고픈

단어 찾기

hunry hungry
hunrgy

우리말 뜻에 알맞은 단어를 고르세요.

목마른	□ happy	□ thirsty
슬픈	□ sad	□ hungry
화가 난	□ hungry	□ angry

Quiz 빈칸을 채우세요.

Are you [ ]? 너는 슬프니?

상대방의 기분을 묻는 Are you~?에 대한 대답은 Yes, I am. / No, I'm not.으로 말해요.

도전! 영단어 테스트 Units 11~15

맞힌 개수: /25

★ 빈칸을 채우세요.

영단어	우리말	영단어	우리말
1 pretty	예쁜	14 yellow	노란색의
2	귀여운	15 blue	
3 old		16 snowing	
4	어린	17 sunny	
5 tall		18	비가 오고 있는
6 small		19	바람이 부는
7	큰	20 cloudy	
8	긴	21 happy	
9	짧은	22 angry	
10 fat		23	슬픈
11 black		24	목마른
12	초록색의	25	배고픈
13	빨간색의		

•정답은 208쪽에서 확인하세요!

Unit 16 House Things 집기1

There is a bed. 침대가 있다.

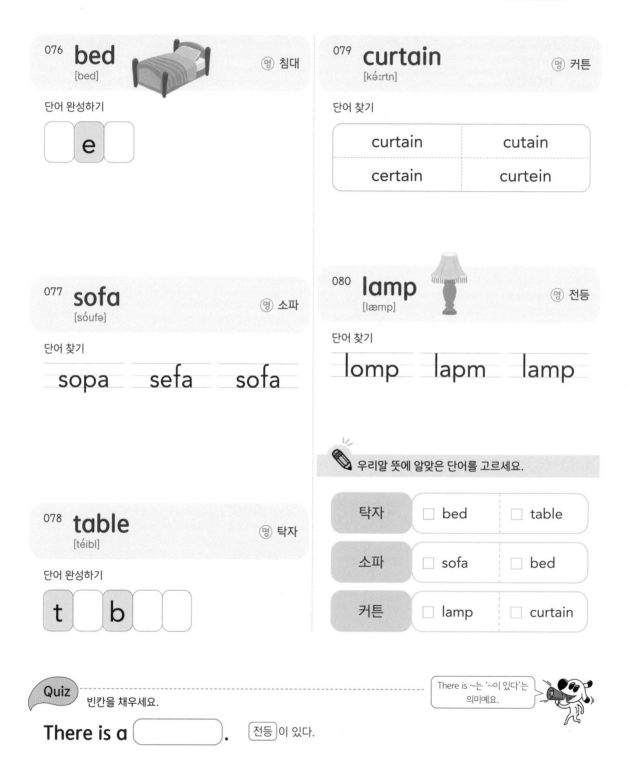

076 **bed** [bed] 명 침대

단어 완성하기

	e	

077 **sofa** [sóufə] 명 소파

단어 찾기

sopa sefa sofa

078 **table** [téibl] 명 탁자

단어 완성하기

t		b		

079 **curtain** [kə́:rtn] 명 커튼

단어 찾기

curtain	cutain
certain	curtein

080 **lamp** [læmp] 명 전등

단어 찾기

lomp lapm lamp

우리말 뜻에 알맞은 단어를 고르세요.

탁자	□ bed	□ table
소파	□ sofa	□ bed
커튼	□ lamp	□ curtain

Quiz 빈칸을 채우세요.

There is a ______. 전등이 있다.

There is ~는 '~이 있다'는 의미예요.

House Things 집기2

This is a desk. 이것은 책상이다.

081 **desk** [desk] 명 책상

단어 완성하기

d _ s _

084 **window** [wíndou] 명 창문

단어 찾기

windw	windo
widon	window

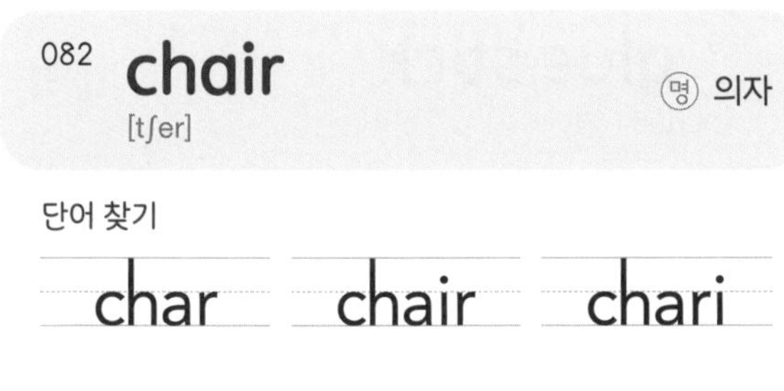

082 **chair** [tʃer] 명 의자

단어 찾기

char chair chari

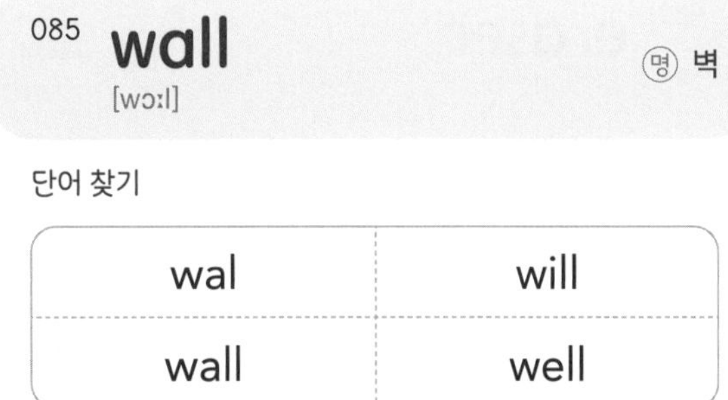

085 **wall** [wɔːl] 명 벽

단어 찾기

wal	will
wall	well

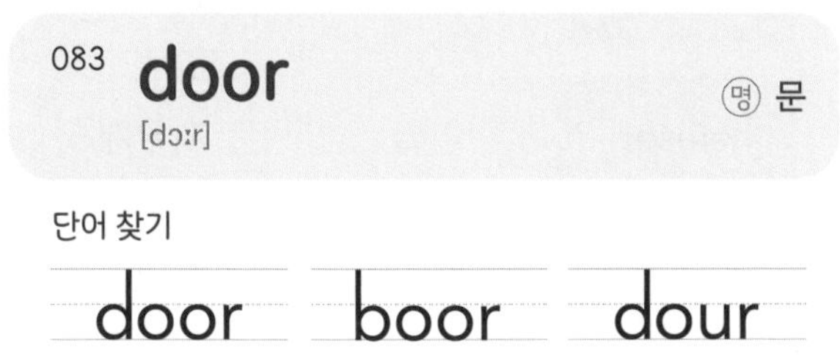

083 **door** [dɔːr] 명 문

단어 찾기

door boor dour

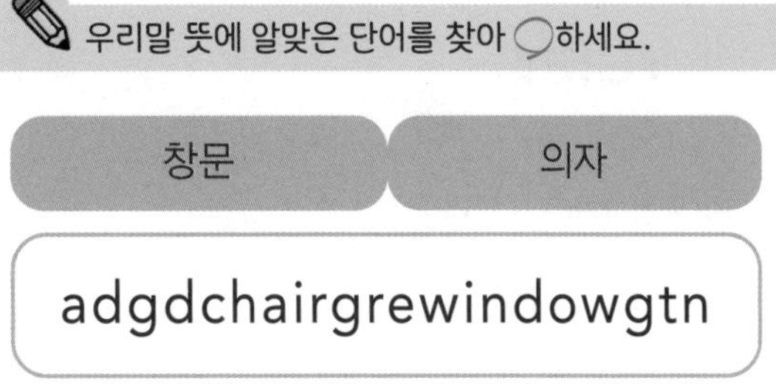

우리말 뜻에 알맞은 단어를 찾아 ◯하세요.

창문	의자

adgdchairgrewindowgtn

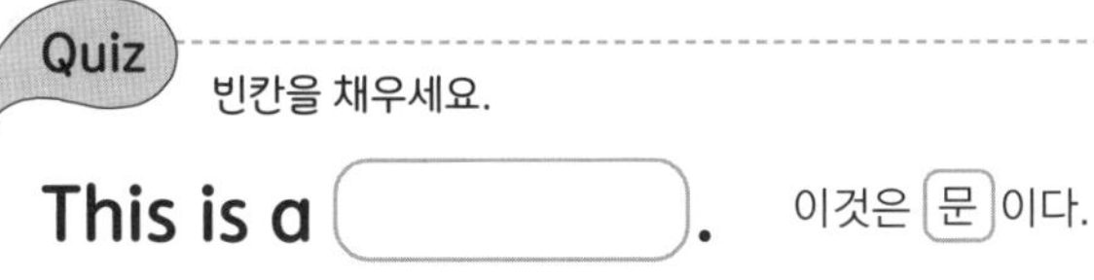

Quiz 빈칸을 채우세요.

This is a ______. 이것은 문이다.

Unit 18 School Things 학용품1

Is this your pencil? 이것은 네 연필이니?

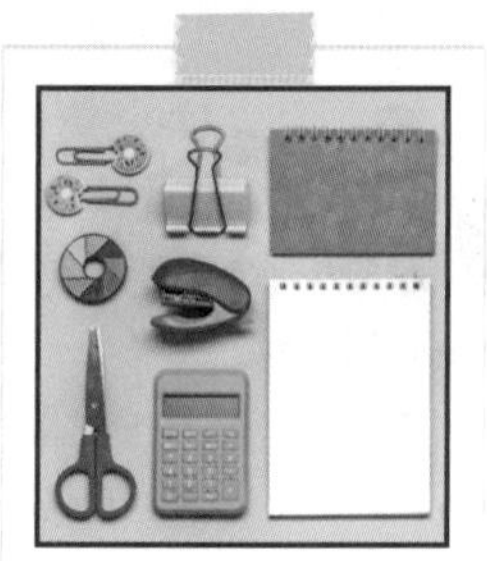

086 **pencil** [pénsl] ⓜ 연필

단어 찾기

pencli pencil pancil

087 **eraser** [iréisər] ⓜ 지우개

단어 완성하기

	r			e	

088 **ruler** [rú:lər] ⓜ 자

단어 완성하기

r		l		

089 **scissors** [sízərz] ⓜ 가위

단어 찾기

scissor scissors scssiors

가위는 보통 복수형으로 쓰기 때문에 this도 복수형인 these (이것들)을 이용하여, Are these your scissors?라고 해요.

090 **glue stick** [glu: stik] ⓜ 풀

단어 찾기

glue stik	glue stick
gleu stick	gleu stik

단어에 알맞은 우리말을 고르세요.

ruler	□ 자	□ 풀
eraser	□ 연필	□ 지우개
scissors	□ 자	□ 가위

Quiz 빈칸을 채우세요.

Is this your ______? 이것은 네 풀이니?

School Things 학용품2

Do you have a crayon? 너는 크레용을 가지고 있니?

091 **crayon** [kréiən] 명 크레용

단어 찾기

crayen	crayeon
crayon	creyon

092 **sketchbook** [skétʃbuk] 명 스케치북

단어 찾기

sketchbook

scatchbook

093 **colored pencil** [kʌ́lərd pénsl] 색연필

단어 완성하기

colored p _ n _ _ _

094 **paint** [peint] 명 물감, 페인트

단어 완성하기

p _ i _ _

095 **paper** [péipər] 명 종이

단어 찾기

papre paper pepper

paper는 'a' 없이 써야 해요.
Do you have any paper?

우리말 뜻에 알맞은 단어를 고르세요.

물감, 페인트	☐ paint	☐ paper
크레용	☐ sketchbook	☐ crayon
종이	☐ paper	☐ paint

Quiz 빈칸을 채우세요.

Do you have a ______? 너는 색연필을 가지고 있니?

Unit 20 Kitchen Things 주방 용품

I don't have a fork. 나는 포크를 가지고 있지 않다.

096 **fork** [fɔːrk] ⓜ 포크

단어 완성하기

f		r	

097 **chopsticks** [tʃάːpstiks] ⓜ 젓가락

단어 찾기

chopstiks　chopstis
chopsticks

젓가락은 두 개가 한 쌍이므로, 하나를 나타내는 a 없이 chopsticks로 써요.

098 **spoon** [spuːn] ⓜ 숟가락

단어 찾기

spon　spoon　spour

099 **bowl** [boul] ⓜ 그릇

단어 찾기

bowll	bawl
boul	bowl

100 **knife** [naif] ⓜ 칼

단어 찾기

knif	kinif
kinfe	knife

우리말 뜻에 알맞은 단어를 찾아 ○하세요.

젓가락	그릇

abcdbowlindchopsticksgn

Quiz 빈칸을 채우세요.

I don't have a ______. 나는 숟가락을 가지고 있지 않다.

도전! 영단어 테스트 Units 16~20

맞힌 개수: /25

★ 빈칸을 채우세요.

	영단어	우리말		영단어	우리말
1	sofa	소파	14	eraser	지우개
2		침대	15	glue stick	
3		커튼	16	crayon	
4	lamp		17		스케치북
5	table		18		색연필
6	chair		19		종이
7		책상	20	paint	
8		문	21	fork	
9		창문	22	knife	
10	wall		23		젓가락
11	scissors		24		그릇
12		자	25		숟가락
13		연필			

•정답은 208쪽에서 확인하세요!

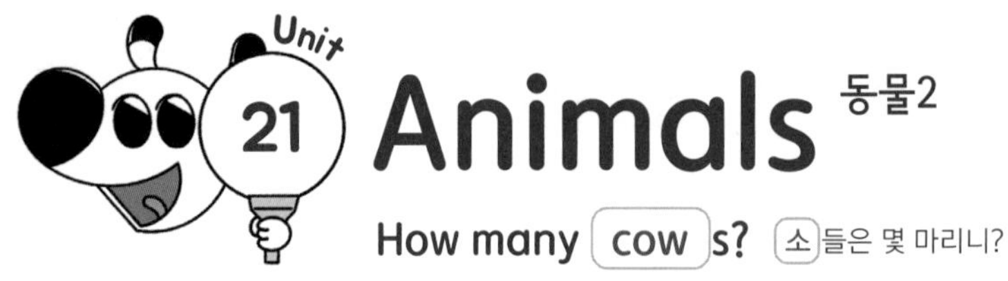

Unit 21 Animals 동물2

How many cow s? 소 들은 몇 마리니?

101 **cow** [kau] 명 소

단어 찾기

cow coo clow

104 **chicken** [tʃíkin] 명 닭, 닭고기

단어 찾기

chiken	kitchen
chikcen	chicken

102 **duck** [dʌk] 명 오리

단어 완성하기

[ ] u [ ] k

105 **donkey** [dáːŋki] 명 당나귀

단어 찾기

dokey	domkey
donky	donkey

103 **pig** [pig] 명 돼지

단어 완성하기

p [ ] [ ]

교과 표현 동물의 수를 묻고 답하기

A How many cows?
소들은 몇 마리니?

B Two cows.
두 마리야.

How many 다음에는 여러 개를 나타내는 복수형을 써요. cows와 같이 단어 뒤에 s를 붙이면 복수형이 돼요.

Quiz 빈칸을 채우세요.

How many [ ] s? 오리 들은 몇 마리니?

Unit 22 My Things 내 물건1

I have a cap. 나는 모자를 가지고 있다.

106 **computer** [kəmpjúːtər] 명 컴퓨터

단어 완성하기

_ o _ p _ _ _ _

107 **cap** [kæp] 명 (챙이 앞에 달린) 모자

단어 찾기

cop cup cap

108 **watch** [wɑːtʃ] 명 손목 시계

단어 찾기

wach watch wacth

clock은 보통 탁상 시계나 괘종 시계를 말하고 watch는 손목 시계를 말해요.

109 **bag** [bæg] 명 가방

단어 완성하기

_ a _

110 **umbrella** [ʌmbrélə] 명 우산

단어 완성하기

_ m _ r _ _ _ _

단어의 첫 소리가 a, e, i, o, u이면 an umbrella처럼 단어 앞에 an을 써요. I have an umbrella.

우리말 뜻에 알맞은 단어를 고르세요.

손목 시계	□ watch	□ bag
우산	□ cap	□ umbrella
가방	□ computer	□ bag

Quiz 빈칸을 채우세요.

I have a ________. 나는 컴퓨터를 가지고 있다.

Numbers 숫자

Two fish 두 마리 물고기

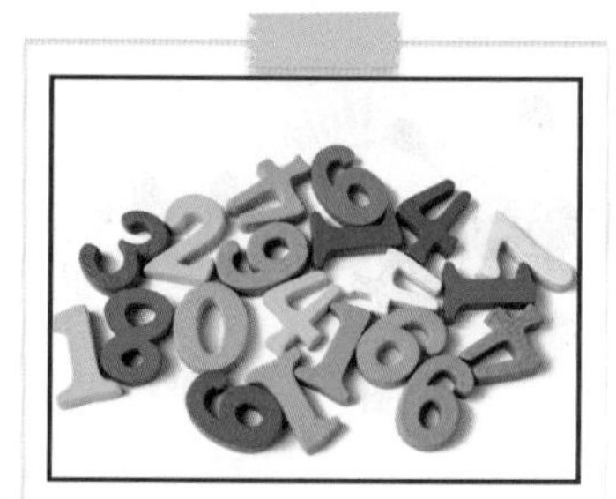

111 **one** [wʌn] ⓜ 1, 하나

단어 완성하기

		e

112 **two** [tuː] ⓜ 2, 둘

단어 찾기

twe two tow

113 **three** [θriː] ⓜ 3, 셋

단어 완성하기

		r		e

114 **four** [fɔːr] ⓜ 4, 넷

단어 찾기

for	foru
foor	four

115 **five** [faiv] ⓜ 5, 다섯

단어 찾기

fiev feiv five

우리말 뜻에 알맞은 단어를 고르세요.

3, 셋	□ two	□ three
5, 다섯	□ four	□ five
4, 넷	□ four	□ one

Quiz 빈칸을 채우세요.

( ) fish 한 마리 물고기

Time 시간1

It's six o'clock. 6시이다.

116 **six** [siks] 명 6, 여섯

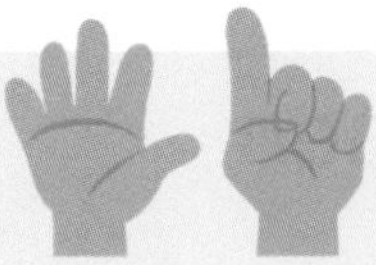

단어 찾기

sxi | six | sxe

117 **seven** [sévn] 명 7, 일곱

단어 찾기

sevn	senve
sever	seven

118 **eight** [eit] 명 8, 여덟

단어 찾기

e _ _ h _

119 **nine** [nain] 명 9, 아홉

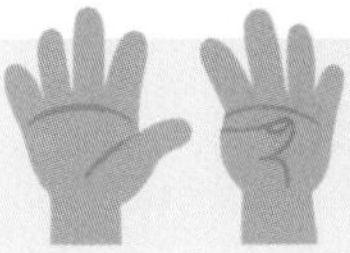

단어 완성하기

_ i _ _

120 **ten** [ten] 명 10, 열

단어 찾기

ten | tet | tab

교과 표현 시간을 묻고 답하기

A What time is it?
몇 시니?

B It's nine o'clock.
9시야.

정각을 말할 때 o'clock을 써요.

Quiz 빈칸을 채우세요.

시간을 나타낼 때도 It's로 시작해요.

It's ____ o'clock. 7시이다.

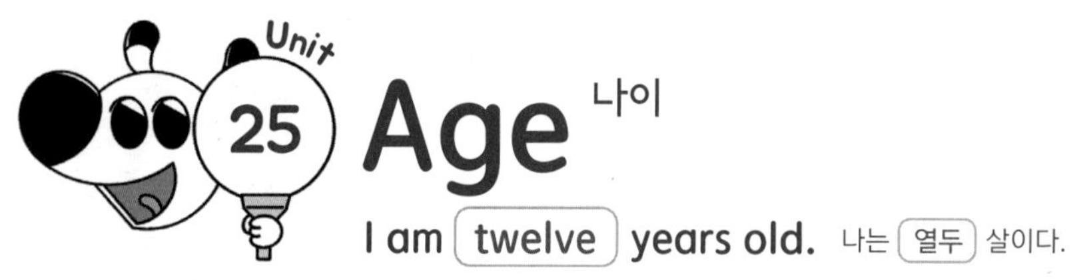

Age 나이

I am twelve years old. 나는 열두 살이다.

121 **eleven** [ilévn] 명 11, 열하나

단어 완성하기

e		e			

122 **twelve** [twelv] 명 12, 열둘

단어 찾기

twelvn twelvne
twelve

123 **thirteen** [θəːrtíːn] 명 13, 열셋

단어 찾기

thiteen thirteen
thriteen

124 **fourteen** [fɔːrtíːn] 명 14, 열넷

단어 찾기

forteen	fourten
fourteen	fouteen

125 **fifteen** [fiftíːn] 명 15, 열다섯

단어 찾기

fiffteen	fifteen
ffiteen	fiteen

우리말 뜻에 알맞은 단어를 찾아 ◯하세요.

13, 열셋 11, 열하나

dgrelevendegbthirteenadg

Quiz 빈칸을 채우세요.

앞에서 배운 1~10까지의 숫자로 더 어린 나이도 말할 수 있어요.

I am ______ years old. 나는 열네 살이다.

도전! 영단어 테스트 Units 21~25

맞힌 개수: /25

★ 빈칸을 채우세요.

	영단어	우리말		영단어	우리말
1	cow	소	14	four	4, 넷
2		오리	15	five	
3		돼지	16	six	
4	chicken		17		7, 일곱
5	donkey		18		8, 여덟
6	cap		19		9, 아홉
7		컴퓨터	20	ten	
8		손목 시계	21	eleven	
9		가방	22	twelve	
10	umbrella		23		13, 열셋
11	one		24		14, 열넷
12		2, 둘	25		15. 열다섯
13		3, 셋			

•정답은 209쪽에서 확인하세요!

Unit 26 Colors 색깔2

It is white. 그것은 하얀색이다.

126 **white** [wait] 형 하얀색의

단어 완성하기

		i		e

127 **brown** [braun] 형 갈색의

단어 찾기

bruwn browe brown

128 **orange** [ɔ́:rindʒ] 형 주황색의

단어 완성하기

	r				e

129 **pink** [piŋk] 형 분홍색의

단어 찾기

punk	pink
ping	pikn

130 **purple** [pə́:rpl] 형 보라색의

단어 찾기

purble purple puple

우리말 뜻에 알맞은 단어를 고르세요.

보라색의	□ brown	□ purple
분홍색의	□ pink	□ orange
갈색의	□ brown	□ white

Quiz 빈칸을 채우세요.

It is ( ). 그것은 주황색이다.

Unit 27 Vegetables 채소1

These are carrot s. 이것들은 당근 들이다.

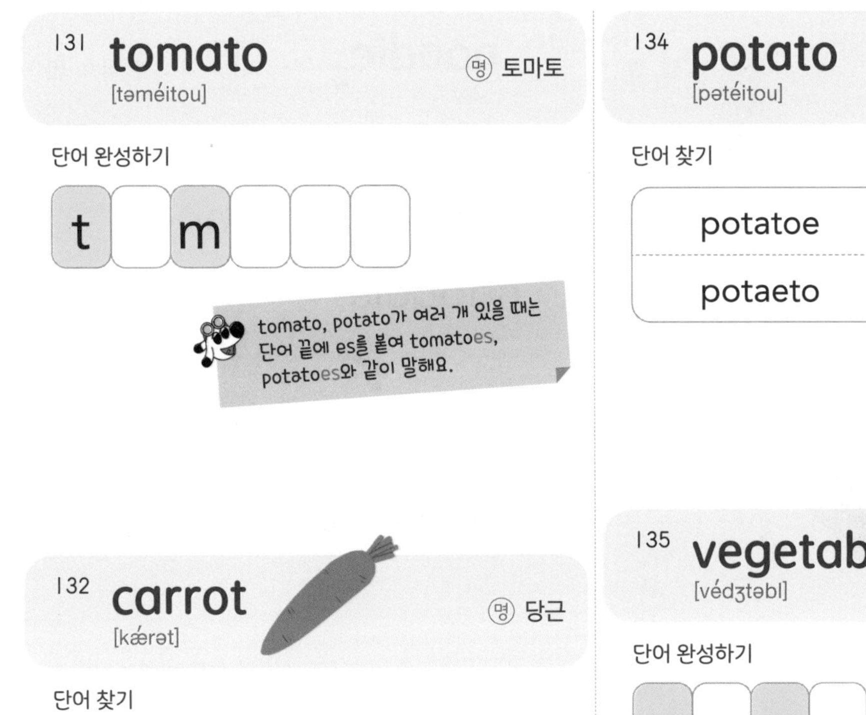

131 **tomato** [təméitou] 명 토마토

단어 완성하기

t		m			

tomato, potato가 여러 개 있을 때는 단어 끝에 es를 붙여 tomatoes, potatoes와 같이 말해요.

132 **carrot** [kǽrət] 명 당근

단어 찾기

carrot　corrot　caroot

133 **onion** [ʌ́njən] 명 양파

단어 찾기

onien　oinion　onion

134 **potato** [pətéitou] 명 감자

단어 찾기

potatoe	potota
potaeto	potato

135 **vegetable** [védʒtəbl] 명 채소

단어 완성하기

v		g						

우리말 뜻에 알맞은 단어를 찾아 ○하세요.

당근　채소

abcdvegetablecoicarrotgn

Quiz 빈칸을 채우세요.

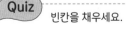

these는 this의 복수형으로 가까운 곳에 있는 여러 개를 가리킬 때 사용해요.

These are ( ) es. 이것들은 토마토 들이다.

Unit 28 Food 음식2

I want some soup. 나는 수프를 원한다.

136 **rice** [rais] ⓜ 밥, 쌀

단어 찾기

rise ries rice

137 **steak** [steik] ⓜ 스테이크

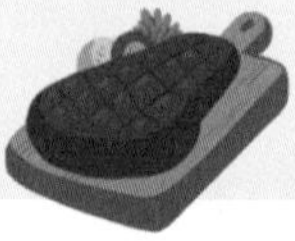

단어 찾기

steek	steake
steak	staek

138 **soup** [su:p] ⓜ 수프

단어 완성하기

s _ _ _

139 **noodle** [nú:dl] ⓜ 국수, 면

단어 찾기

noodle nodle nooddle

noodle은 셀 수 있는 명사로 보통 복수형 noodles라고 써요. I want some noodles.(나는 국수를 원한다.)

140 **spaghetti** [spəgéti] ⓜ 스파게티

단어 찾기

spagetti	spagheti
spahgetti	spaghetti

단어에 알맞은 우리말을 고르세요.

rice	□ 밥, 쌀	□ 국수, 면
soup	□ 스파게티	□ 수프
steak	□ 수프	□ 스테이크

Quiz 빈칸을 채우세요.

I want some ________. 나는 스파게티를 원한다.

Unit 29 Cooking 요리1

Do you need some salt?

너는 소금이 필요하니?

141 **salt** [sɔːlt] ⓜ 소금

단어 완성하기

		l	

142 **sugar** [ʃúgər] ⓜ 설탕

단어 찾기

suga　sugar　sougar

143 **oil** [ɔil] ⓜ 기름

단어 완성하기

	i	

144 **butter** [bʌ́tər] ⓜ 버터

단어 찾기

buter	burter
buttor	butter

145 **pepper** [pépər] ⓜ 후추

단어 찾기

papper　peper

pepper

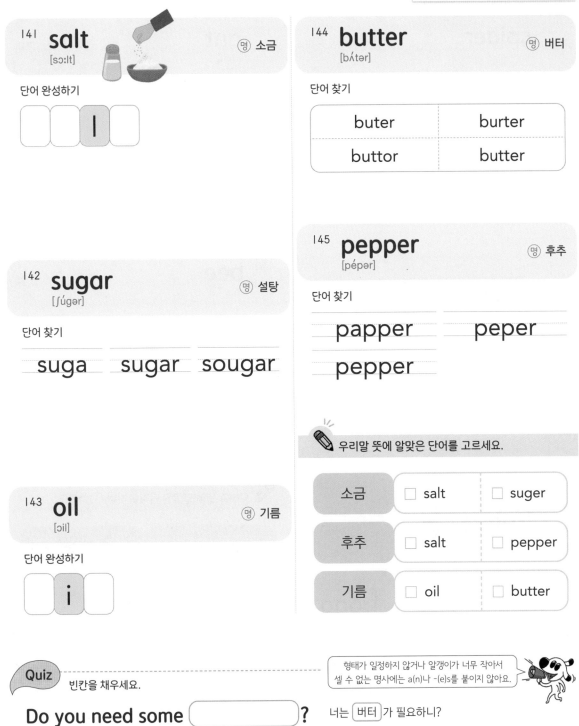

우리말 뜻에 알맞은 단어를 고르세요.

소금	□ salt	□ suger
후추	□ salt	□ pepper
기름	□ oil	□ butter

Quiz 빈칸을 채우세요.

형태가 일정하지 않거나 알갱이가 너무 작아서 셀 수 없는 명사에는 a(n)나 -(e)s를 붙이지 않아요.

Do you need some ________?　너는 버터가 필요하니?

Unit 30 Animals 동물3

I don't like spider s.

나는 거미 들을 좋아하지 않는다.

146 **spider** [spáidər] 명 거미

단어 찾기

spidar	spiber
spaider	spider

147 **snake** [sneik] 명 뱀

단어 찾기

sneak sneke snake

148 **frog** [frɔːg] 명 개구리

단어 찾기

frog flog frogo

149 **ant** [ænt] 명 개미

단어 완성하기

☐ ☐ t

150 **bee** [biː] 명 벌

단어 완성하기

☐ ☐ e

우리말 뜻에 알맞은 단어를 찾아 ○하세요.

거미 개구리

abcfrogcoicaspidertgn

Quiz 빈칸을 채우세요.

좋아하는 것은 I like ~, 좋아하지 않는 것은 I don't like ~로 말해요.

I don't like ______ s. 나는 뱀 들을 좋아하지 않는다.

도전! 영단어 테스트 Units 26~30

맞힌 개수: /25

★ 빈칸을 채우세요.

	영단어	우리말		영단어	우리말
1	white	하얀색의	14	noodle	국수, 면
2		주황색의	15	spaghetti	
3		분홍색의	16	oil	
4	brown		17		설탕
5	purple		18		소금
6	tomato		19		후추
7		당근	20	butter	
8		양파	21	snake	
9		채소	22	ant	
10	potato		23		거미
11	steak		24		개구리
12		밥, 쌀	25		벌
13		수프			

•정답은 209쪽에서 확인하세요!

Nature 자연1

I see the river. 나는 강을 본다.

151 **beach** [biːtʃ] 명 해변

단어 찾기

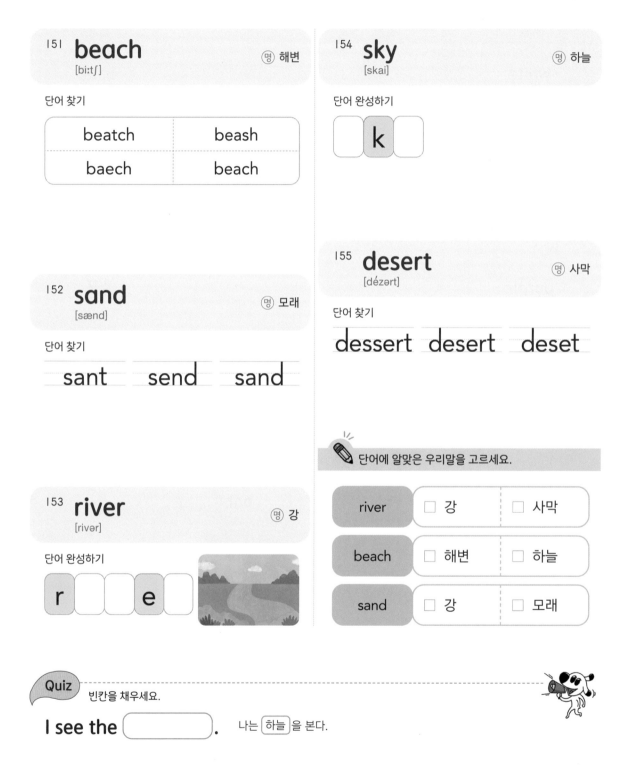

beatch	beash
baech	beach

152 **sand** [sænd] 명 모래

단어 찾기

sant send sand

153 **river** [rivər] 명 강

단어 완성하기

r _ _ e _

154 **sky** [skai] 명 하늘

단어 완성하기

_ k _

155 **desert** [dézərt] 명 사막

단어 찾기

dessert desert deset

단어에 알맞은 우리말을 고르세요.

river	□ 강	□ 사막
beach	□ 해변	□ 하늘
sand	□ 강	□ 모래

Quiz 빈칸을 채우세요.

I see the ______. 나는 하늘을 본다.

Nature 자연2

Look at the tree. 나무를 봐.

156 **tree** [tri:] ⓜ 나무

단어 찾기

trea　tree　trae

159 **moon** [mu:n] ⓜ 달

단어 완성하기

	o		

157 **star** [stɑ:r] ⓜ 별

단어 완성하기

s			

160 **sun** [sʌn] ⓜ 해

단어 찾기

san　sun　sune

158 **flower** [fláuər] ⓜ 꽃

단어 찾기

fower	flower
flawer	flouer

단어에 알맞은 우리말을 고르세요.

flower	□ 나무	□ 꽃
sun	□ 해	□ 별
moon	□ 해	□ 달

Quiz 빈칸을 채우세요.

Look at the ______. 별을 봐.

Unit 33 Animals 동물4

That is a lion. 저것은 사자이다.

161 **monkey** [mʌ́ŋki] 명 원숭이

단어 찾기

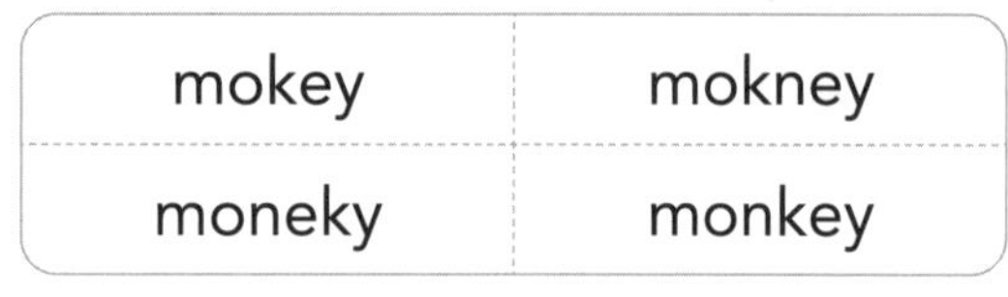

mokey	mokney
moneky	monkey

162 **lion** [láiən] 명 사자

단어 찾기

loin loni lion

163 **giraffe** [dʒərǽf] 명 기린

단어 찾기

giraffe griffe

girafe

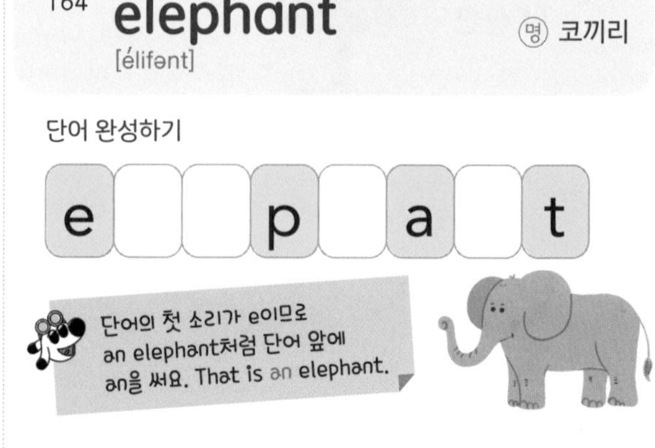

164 **elephant** [élifənt] 명 코끼리

단어 완성하기

e _ _ p _ a _ t

단어의 첫 소리가 e이므로 an elephant처럼 단어 앞에 an을 써요. That is an elephant.

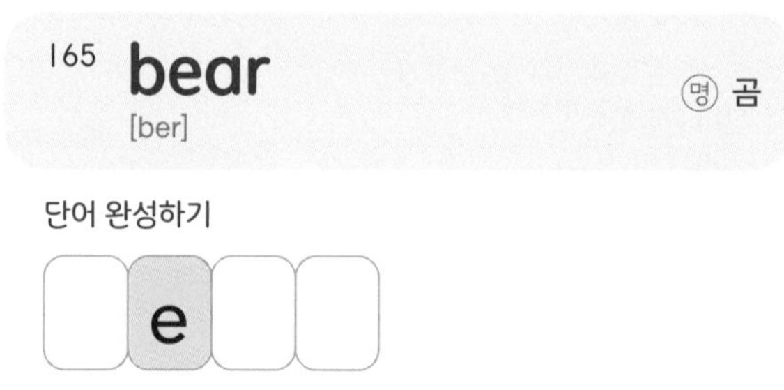

165 **bear** [ber] 명 곰

단어 완성하기

_ e _ _

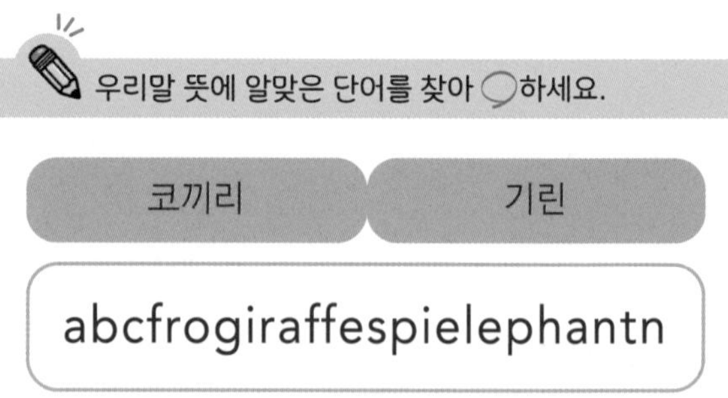

우리말 뜻에 알맞은 단어를 찾아 ◯하세요.

코끼리	기린

abcfrogiraffespielephantn

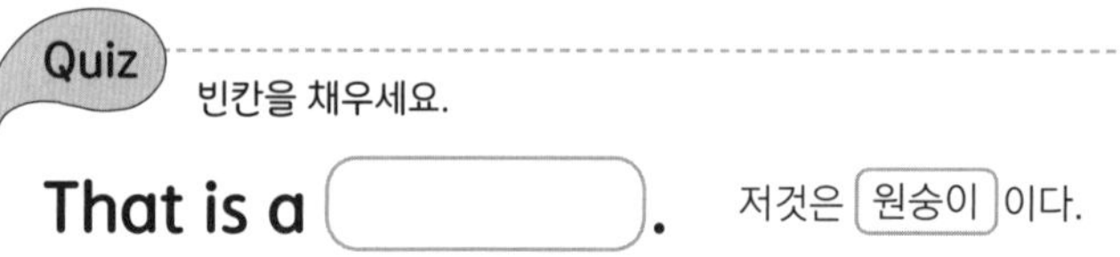

Quiz 빈칸을 채우세요.

That is a ____________. 저것은 원숭이 이다.

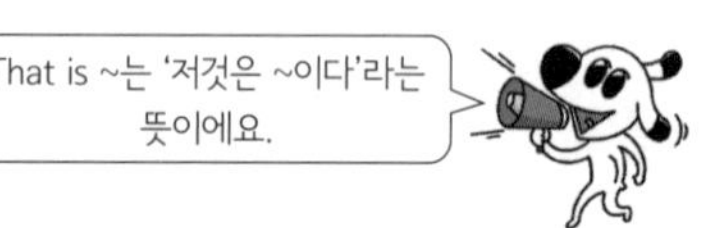

That is ~는 '저것은 ~이다'라는 뜻이에요.

Unit 34 Vehicles 탈것1

I go to school by bicycle.

나는 자전거로 학교에 간다.

166 **bicycle** [báisikl] 명 자전거

단어 찾기

bycicle	bicecle
bycycle	bicycle

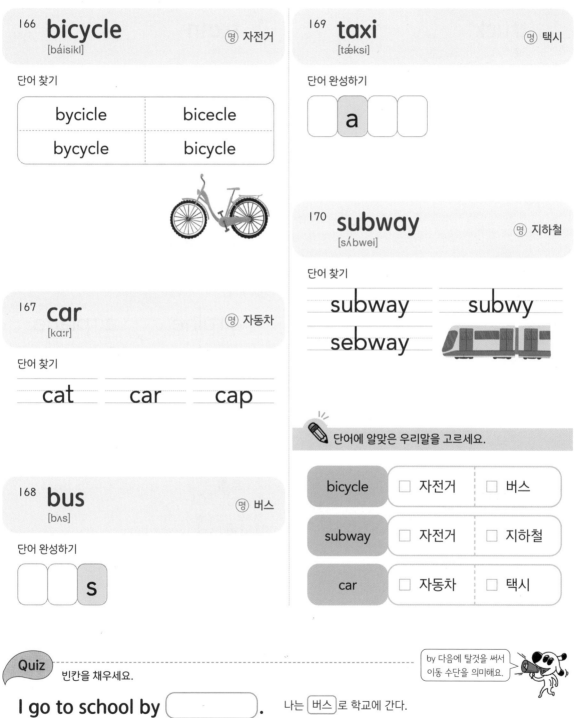

167 **car** [kaːr] 명 자동차

단어 찾기

cat car cap

168 **bus** [bʌs] 명 버스

단어 완성하기

[ ] [ ] [s]

169 **taxi** [tǽksi] 명 택시

단어 완성하기

[ ] [a] [ ] [ ]

170 **subway** [sʌ́bwei] 명 지하철

단어 찾기

subway subwy

sebway

단어에 알맞은 우리말을 고르세요.

bicycle	□ 자전거	□ 버스
subway	□ 자전거	□ 지하철
car	□ 자동차	□ 택시

Quiz 빈칸을 채우세요.

by 다음에 탈것을 써서 이동 수단을 의미해요.

I go to school by [ ]. 나는 버스로 학교에 간다.

Vehicles 탈것2

I get on the airplane. 나는 비행기를 탄다.

171 **truck** [trʌk] ⓜ 트럭

단어 완성하기

		u		

172 **ship** [ʃip] ⓜ 배

단어 찾기

shap ship shop

173 **boat** [bout] ⓜ 보트

단어 완성하기

	o		

174 **train** [trein] ⓜ 기차

단어 찾기

train	trian
trail	tarin

175 **airplane** [érplein] ⓜ 비행기

단어 찾기

airplne airplane
airplen

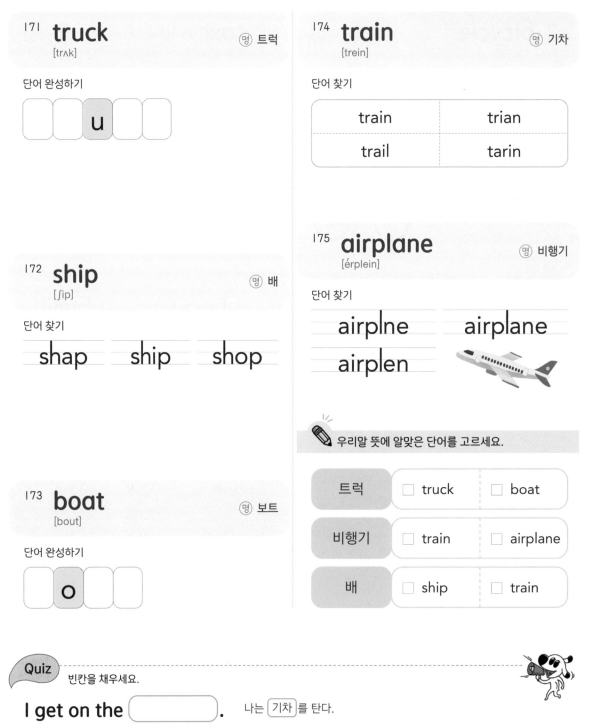

우리말 뜻에 알맞은 단어를 고르세요.

트럭	☐ truck	☐ boat
비행기	☐ train	☐ airplane
배	☐ ship	☐ train

Quiz 빈칸을 채우세요.

I get on the ______. 나는 기차를 탄다.

도전! 영단어 테스트 Units 31~35

맞힌 개수: /25

★ 빈칸을 채우세요.

	영단어	우리말		영단어	우리말
1	beach	해변	14	elephant	코끼리
2		모래	15	bear	
3		사막	16	bus	
4	river		17		자동차
5	sky		18		택시
6	sun		19		자전거
7		달	20	subway	
8		별	21	ship	
9		나무	22	boat	
10	flower		23		기차
11	lion		24		트럭
12		원숭이	25		비행기
13		기린			

•정답은 209쪽에서 확인하세요!

Unit 36 Fruit 과일2

I love (kiwi)s. 나는 (키위)들을 굉장히 좋아한다.

176 **kiwi** [kí:wi:] 명 키위

단어 찾기

kiwee kiwie kiwi

177 **melon** [mélən] 명 멜론

단어 완성하기

m _ l _ n

178 **watermelon** [wɔ́:tərmelən] 명 수박

단어 찾기

watermelon

watermolen

179 **lemon** [lémən] 명 레몬

단어 완성하기

l _ m _ n

180 **fruit** [fru:t] 명 과일

단어 찾기

frut	friut
fruit	fruite

단어에 알맞은 우리말을 고르세요.

lemon	□ 키위	□ 레몬
watermelon	□ 수박	□ 멜론
fruit	□ 포도	□ 과일

Quiz 빈칸을 채우세요.

I love (   )s. 나는 (멜론)들을 굉장히 좋아한다.

Unit 37 One Day 하루

Good morning. 좋은 아침.

181 **morning** [mɔ́ːrniŋ] 명 아침

단어 찾기

morning
monring

182 **afternoon** [æftərnúːn] 명 오후

단어 찾기

afternon	aternoon
aftenoon	afternoon

183 **evening** [íːvniŋ] 명 저녁

단어 완성하기

e					n	

184 **night** [nait] 명 밤

단어 완성하기

	i			t

185 **day** [dei] 명 날, 낮

단어 찾기

doy day dey

단어에 알맞은 우리말을 고르세요.

evening	□ 아침	□ 저녁
night	□ 밤	□ 저녁
morning	□ 아침	□ 오후

Quiz 빈칸을 채우세요.

Good ______. 좋은 오후.

Good 다음에 '하루의 시간대를 나타내는 단어'가 오면 해당 시간대에 하는 인사말이 돼요.

Unit 38 Do 지시1

Close the door, please. 문을 닫아 줘.

186 **close the door** 문을 닫다

표현 완성하기

c _ o _ _ the door

187 **open the door** 문을 열다

표현 완성하기

o _ e _ the door

188 **come here** 여기로 오다

표현 완성하기

_ o _ _ here

189 **sit down** 앉다

표현 완성하기

_ i _ down

190 **stand up** 일어서다

표현 완성하기

s _ a _ _ up

표현에 알맞은 우리말을 고르세요.

open the door

☐ 문을 닫다 ☐ 문을 열다

sit down

☐ 앉다 ☐ 일어서다

Quiz 빈칸을 채우세요.

동사로 시작하는 지시하는 문장 끝에 please를 붙이면 공손한 표현이 돼요.

________, please. 여기로 와 줘.

191 **go** [gou] 동 가다

단어 완성하기

g □

192 **meet** [mi:t] 동 만나다

단어 완성하기

□ □ e □

'곧 만나자'라고 하고 싶을 때는 soon(곧)이라는 단어를 사용하여 Let's meet soon.이라고 하면 돼요.

193 **work** [wə:rk] 동 일하다

단어 찾기

worn werk work

194 **eat** [i:t] 동 먹다

단어 완성하기

□ □ t

195 **smile** [smail] 동 미소 짓다

단어 찾기

smile smlie smiel

우리말 뜻에 알맞은 단어를 고르세요.

가다	□ go	□ smile
일하다	□ eat	□ work
미소 짓다	□ meet	□ smile

Quiz 빈칸을 채우세요.

Let's □. 먹자.

Sports 운동

Let's play basketball. 농구 하자.

196 **basketball** [bǽskitbɔːl] 명 농구

단어 찾기

basktball baketball
basketball

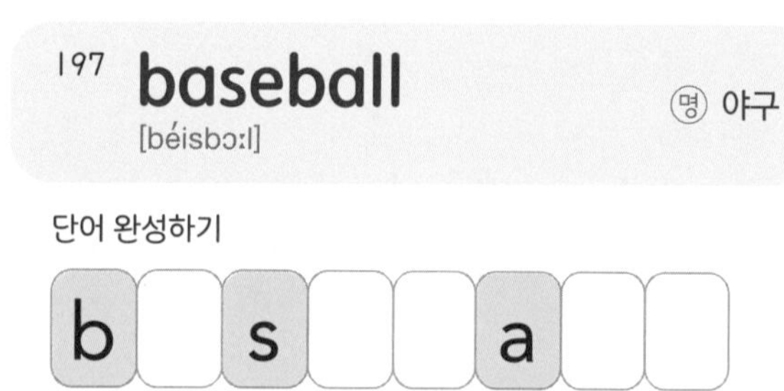

197 **baseball** [béisbɔːl] 명 야구

단어 완성하기

b _ s _ _ a _ _

198 **badminton** [bǽdmintən] 명 배드민턴

단어 완성하기

b _ _ m _ _ t _ _

199 **tennis** [ténis] 명 테니스

단어 찾기

tenis tennis tenins

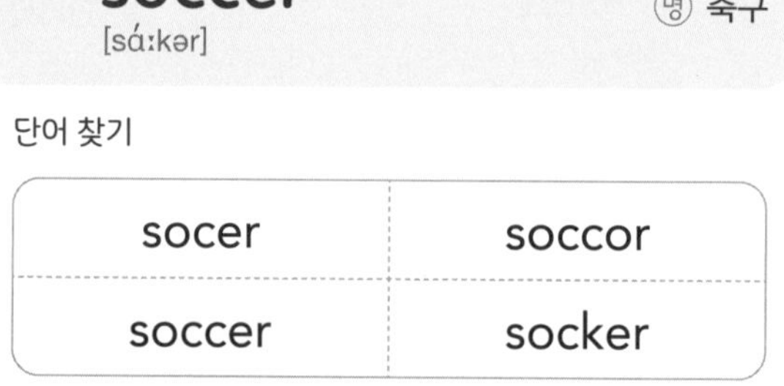

200 **soccer** [sάːkər] 명 축구

단어 찾기

socer	soccor
soccer	socker

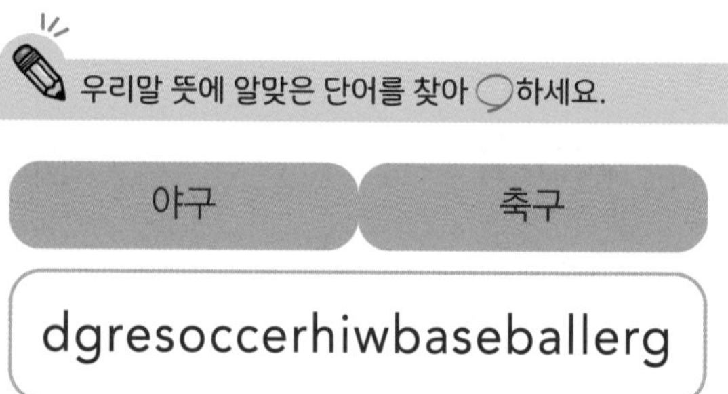

우리말 뜻에 알맞은 단어를 찾아 ◯하세요.

야구	축구

dgresoccerhiwbaseballerg

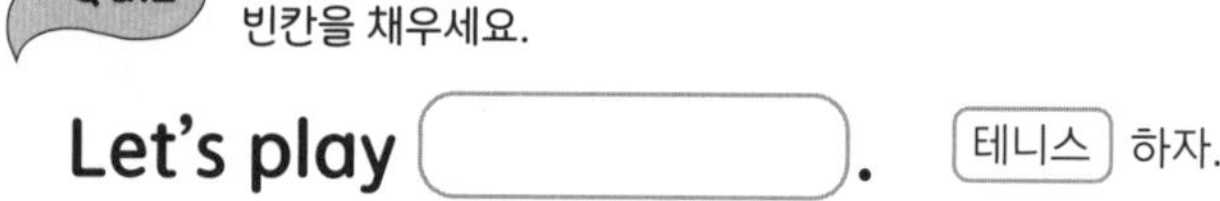

Quiz 빈칸을 채우세요.

Let's play ______. 테니스 하자.

도전! 영단어 테스트 Units 36~40

맞힌 개수: /25

★ 빈칸을 채우세요.

	영단어	우리말		영단어	우리말
1	kiwi	키위	14	sit down	앉다
2		멜론	15	stand up	
3		수박	16	go	
4	lemon		17		만나다
5	fruit		18		일하다
6	evening		19		먹다
7		아침	20	smile	
8		오후	21	badminton	
9		밤	22	tennis	
10	day		23		야구
11	come here		24		농구
12		문을 열다	25		축구
13		문을 닫다			

•정답은 209쪽에서 확인하세요!

둘째 마당

4학년 교과서 영단어

주제별로 알아보는 4학년 영단어

Family 가족2

This is my mother. 이 분은 내 어머니이다.

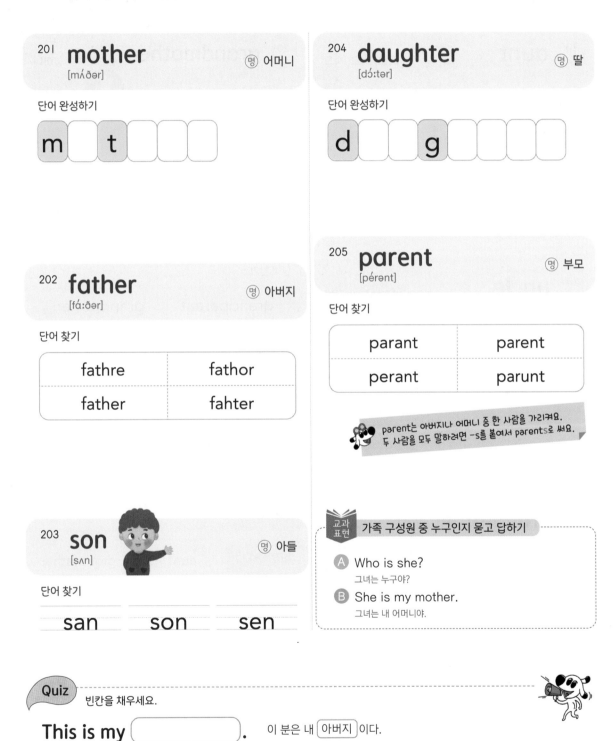

201 **mother** 명 어머니
[mʌ́ðər]

단어 완성하기

m		t			

202 **father** 명 아버지
[fá:ðər]

단어 찾기

fathre	fathor
father	fahter

203 **son** 명 아들
[sʌn]

단어 찾기

san son sen

204 **daughter** 명 딸
[dɔ́:tər]

단어 완성하기

d			g				

205 **parent** 명 부모
[pérənt]

단어 찾기

parant	parent
perant	parunt

parent는 아버지나 어머니 중 한 사람을 가리켜요.
두 사람을 모두 말하려면 -s를 붙여서 parents로 써요.

교과 표현 가족 구성원 중 누구인지 묻고 답하기

A Who is she?
그녀는 누구야?

B She is my mother.
그녀는 내 어머니야.

Quiz 빈칸을 채우세요.

This is my ____. 이 분은 내 아버지이다.

Family 가족3

He is my grandfather.

그는 내 할아버지이다.

206 **aunt** [ænt] ⓜ 고모, 이모, 숙모

단어 찾기

anut aurt aunt

207 **uncle** [ˊ kl] ⓜ 삼촌, 아저씨

단어 찾기

unecl uncle unlce

208 **grandfather** [rænf ð r] ⓜ 할아버지

단어 완성하기

g _ _ _ _ f _ _ _ _ _

209 **grandmother** [rænm ð r] ⓜ 할머니

단어 완성하기

g _ _ _ _ m _ _ _ _ _

210 **grandparent** [rænper nt] ⓜ 조부모

단어 찾기

grandparant	grandparien
grandparent	grandparunt

grandparent는 할아버지나 할머니 중 한 사람을 가리켜요.
둘을 모두 말하려면 -s를 붙여서 grandparents로 써요.

우리말 뜻에 알맞은 단어를 고르세요.

삼촌, 아저씨	☐ uncle	☐ aunt
할아버지	☐ aunt	☐ grandfather
조부모	☐ uncle	☐ grandparent

Quiz 빈칸을 채우세요.

She is my ________. 그녀는 내 할머니이다.

Unit 43 Jobs 직업1

She's a dancer. 그녀는 댄서이다.

211 **singer** [síŋər] 명 가수

단어 찾기

sanger singor singer

212 **dancer** [dǽnsər] 명 춤꾼, 댄서

단어 찾기

dancor	dacncer
dancar	dancer

213 **driver** [dráivər] 명 운전기사

단어 완성하기

d _ i _ _ _

214 **writer** [ráitər] 명 작가

단어 찾기

wroter writer writar

215 **farmer** [fáːrmər] 명 농부

단어 완성하기

_ a _ _ e _

단어에 알맞은 우리말을 고르세요.

writer	□ 가수	□ 작가
farmer	□ 농부	□ 춤꾼
driver	□ 가수	□ 운전기사

Quiz 빈칸을 채우세요.

He's a ________. 그는 가수다.

<동사 + er>은 직업을 보통 나타내요.

Adjectives 형용사1

I'm busy. 나는 바쁘다.

216 **sick** [sik] 형 아픈

단어 완성하기

s _ c _

217 **full** [ful] 형 배부른

단어 찾기

ful / full / fully

218 **sleepy** [slíːpi] 형 졸린

단어 완성하기

_ _ e _ _ y

219 **mad** [mæd] 형 몹시 화가 난

단어 찾기

mod	med
mab	mad

220 **busy** [bizi] 형 바쁜

단어 찾기

buzy / busy / busi

우리말 뜻에 알맞은 단어를 고르세요.

졸린	☐ sick	☐ sleepy
바쁜	☐ full	☐ busy
아픈	☐ sick	☐ mad

Quiz 빈칸을 채우세요.

I'm ______. 나는 배부르다.

자신의 기분이나 상태를 나타낼 때는
<I'm + 기분이나 상태를 나타내는 단어>로 말하면 돼요.

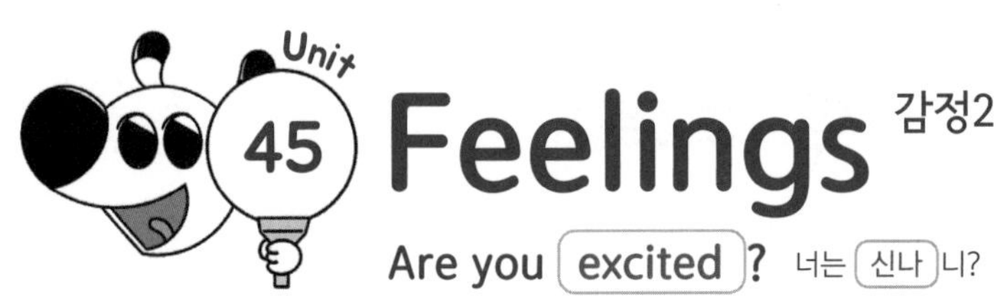

Unit 45 Feelings 감정2

Are you (excited)? 너는 (신나)니?

221 **afraid** [əfréid] 형 두려운

단어 완성하기

a				i	

222 **excited** [iksáitid] 형 신난

단어 찾기

exicited　exicted

excited

223 **surprised** [sərpráizd] 형 놀란

단어 찾기

suprised	surprised
surpraised	surprsed

224 **tired** [táiərd] 형 피곤한

단어 완성하기

		r		d

225 **sure** [ʃur] 형 확신하는

단어 찾기

sure　suer　sur

우리말 뜻에 알맞은 단어를 찾아 ◯하세요.

두려운　피곤한

fwafraiditesktiredtrd

Quiz 빈칸을 채우세요.

Are you ~?로 시작하는 질문에는 긍정이면 Yes, I am. 부정이면 No, I'm not.으로 답해요.

Are you (　　　　)? 너는 (확신하)니?

도전! 영단어 테스트 Units 41~45

맞힌 개수: /25

★ 빈칸을 채우세요.

	영단어	우리말		영단어	우리말
1	mother	어머니	14	farmer	농부
2		아버지	15	dancer	
3	son		16	sick	
4	daughter		17		배부른
5	parent		18		졸린
6	aunt		19	mad	
7		삼촌, 아저씨	20	busy	
8		할아버지	21	excited	
9		할머니	22	sure	
10	grandparent		23		두려운
11	singer		24		피곤한
12		운전기사	25		놀라운
13		작가			

•정답은 210쪽에서 확인하세요!

Unit 46 Seven Days 일주일

It's Monday. 월요일이다.

226 **Monday** [mʌ́ndei] 명 월요일

단어 완성하기

M			d		

227 **Tuesday** [tú:zdei] 명 화요일

단어 찾기

Tuesdya Tuesday

Tusedya

228 **Wednesday** [wénzdei] 명 수요일

단어 완성하기

		d		e				

229 **Thursday** [θə́:rzdei] 명 목요일

단어 찾기

Thuday	Thruday
Therday	Thursday

230 **Friday** [fráidei] 명 금요일

단어 찾기

Friday friday fivday

231 **Saturday** [sǽtərdei] 명 토요일

단어 찾기

Satuday Sartuday

Saturday

232 **Sunday** [sʌ́ndei] 명 일요일

단어 완성하기

		n			y

Quiz 빈칸을 채우세요.

요일을 나타내는 단어는 첫 글자를 대문자로 꼭 써야 해요.

It's ______. 화요일이다.

Daily Life 일상1
It's time for lunch. 점심 시간이다.

233 **breakfast** [brékfəst] 명 아침(식사)

단어 완성하기

b _ _ _ f _ _ _

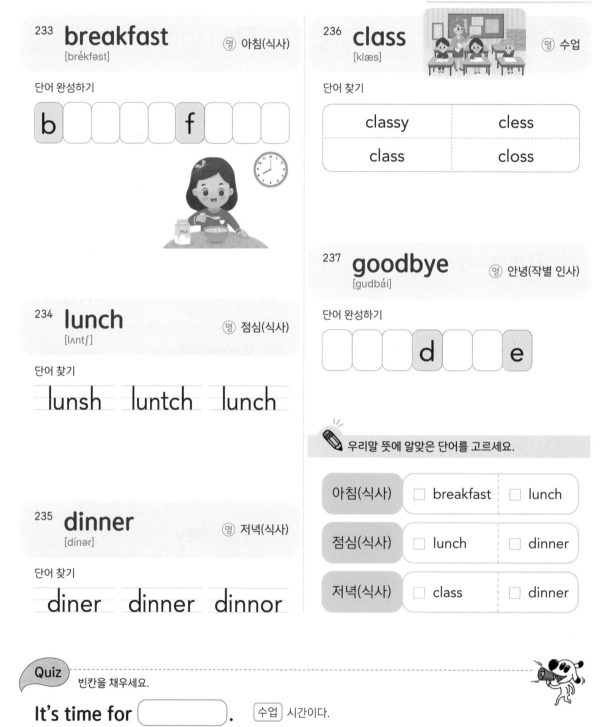

234 **lunch** [lʌntʃ] 명 점심(식사)

단어 찾기

lunsh luntch lunch

235 **dinner** [dínər] 명 저녁(식사)

단어 찾기

diner dinner dinnor

236 **class** [klæs] 명 수업

단어 찾기

classy	cless
class	closs

237 **goodbye** [gudbái] 명 안녕(작별 인사)

단어 완성하기

_ _ _ d _ _ e

우리말 뜻에 알맞은 단어를 고르세요.

아침(식사)	□ breakfast	□ lunch
점심(식사)	□ lunch	□ dinner
저녁(식사)	□ class	□ dinner

Quiz 빈칸을 채우세요.

It's time for ______. 수업 시간이다.

Drinks 음료

I drink tea. 나는 차를 마신다.

238 **coffee** [kɔ́ːfi] 명 커피

단어 완성하기

	o				e

241 **tea** [tiː] 명 차

단어 완성하기

	e	

239 **juice** [dʒuːs] 명 주스

단어 찾기

juce juice juica

242 **soda** [sóudə] 명 탄산음료

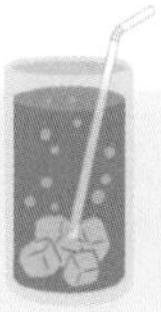

단어 찾기

sode sofa soda

240 **milk** [milk] 명 우유

단어 찾기

millk	milk
milke	miilk

우리말 뜻에 알맞은 단어를 찾아 ◯하세요.

주스 커피

pbcoffeellowtbjuicekrgd

Quiz 빈칸을 채우세요.

I drink ______. 나는 우유를 마신다.

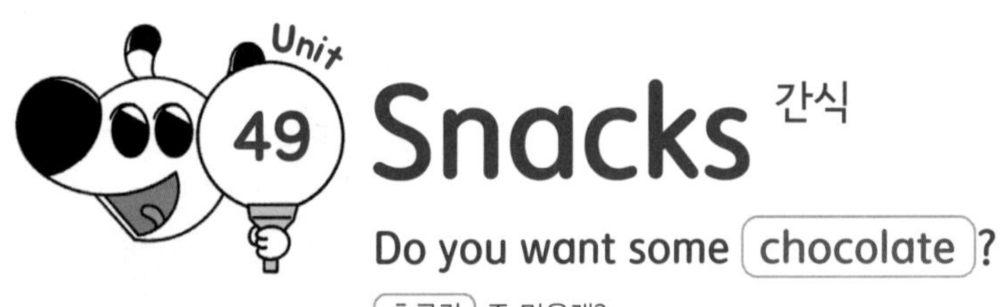

Unit 49 Snacks 간식

Do you want some chocolate?

초콜릿 좀 먹을래?

243 **chocolate** [tʃɑ́:klət] 명 초콜릿

단어 완성하기

c _ _ _ o _ _ _ _

244 **cheese** [tʃí:z] 명 치즈

단어 완성하기

_ h _ _ s _

245 **sandwich** [sǽnwitʃ] 명 샌드위치

단어 완성하기

s _ _ _ w _ _ _

246 **cookie** [kúki] 명 쿠키

단어 찾기

cooki cookie cooke

"쿠키 좀 먹을래?"라고 말하려면 Do you want some cookies?라고 해요.

247 **sausage** [sɔ́:sidʒ] 명 소시지

단어 찾기

sousage sausage sasauge

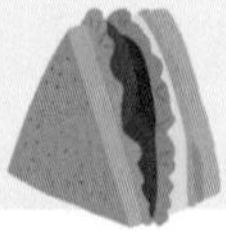

단어에 알맞은 우리말을 고르세요.

cheese	□ 치즈	□ 초콜릿
sandwich	□ 초콜릿	□ 샌드위치
cookie	□ 소시지	□ 쿠키

Quiz 빈칸을 채우세요.

상대방에게 '~ 좀 먹을래?'라고 음식을 권할 때는 <Do you want some + 음식?>을 이용해서 말해요.

Do you want some ________s? 소시지 좀 먹을래?

Things to Wear 입을 것1

How much is the sweater? 스웨터는 얼마니?

248 **sweater** [swétər] ⓜ 스웨터

단어 완성하기

	w			t		

249 **glove** [glʌv] ⓜ 장갑

단어 완성하기

g		o		

한 쌍을 이루는 단어는 gloves, socks, shoes와 같이 주로 복수형으로 써요.
How much are the gloves?

250 **sock** [sɑːk] ⓜ 양말

단어 찾기

soeck sock sokc

251 **shoe** [ʃuː] ⓜ 신발

단어 찾기

shose	shou
shoe	shoie

252 **scarf** [skɑːrf] ⓜ 스카프

단어 완성하기

s		a		

우리말 뜻에 알맞은 단어를 찾아 ◯하세요.

신발	장갑

iecdfglovezwatshoebjey

Quiz 빈칸을 채우세요.

How much ~?는 물건의 가격을 물을 때 써요.

How much is the ______? 스카프는 얼마니?

도전! 영단어 테스트 Units 46~50

맞힌 개수: /27

★ 빈칸을 채우세요.

영단어	우리말	영단어	우리말
1 Monday	월요일	15 soda	탄산음료
2	화요일	16 tea	
3 Wednesday		17	주스
4 Thursday		18	치즈
5	금요일	19	쿠키
6 Saturday		20 chocolate	
7	일요일	21 sandwich	
8	아침(식사)	22 sausage	
9	점심(식사)	23	장갑
10 dinner		24	스카프
11 class		25	신발
12 goodbye		26 sock	
13	커피	27	스웨터
14	우유		

•정답은 210쪽에서 확인하세요!

Body 신체2

I have a neck. 나는 목이 있다.

253 **hair** [heər] ㊔ 머리카락

단어 완성하기

□ □ i □

hair는 a 없이 써요.
I have hair.

254 **tooth** [tu:θ] ㊔ 이, 치아

단어 찾기

toth tooth towth

tooth는 주로 복수형인 teeth로 말해요. I have teeth.

255 **neck** [nek] ㊔ 목

단어 완성하기

□ □ c □

256 **lip** [lip] ㊔ 입술

단어 찾기

lip lib leap

lip은 주로 복수형인 lips로 말해요.
I have lips.

257 **tongue** [tʌŋ] ㊔ 혀

단어 찾기

tongu	tonuge
tongeu	tongue

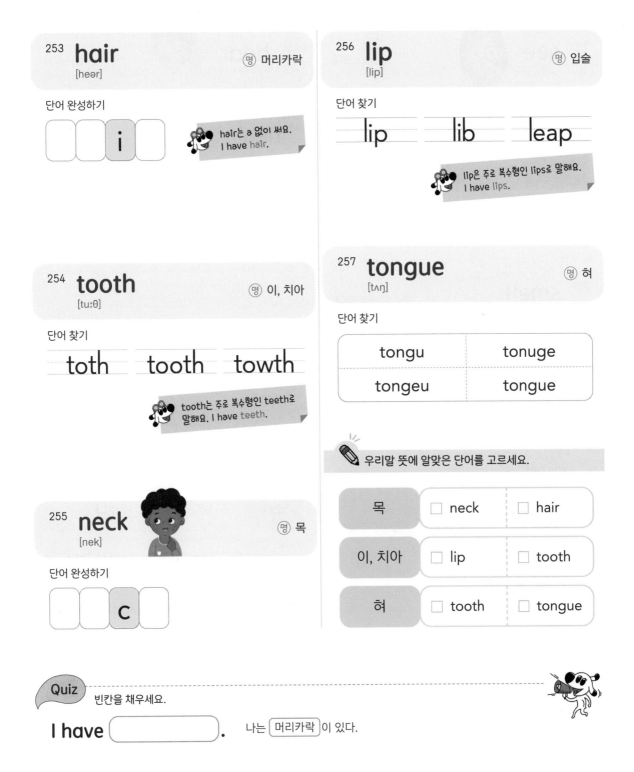

우리말 뜻에 알맞은 단어를 고르세요.

목	□ neck	□ hair
이, 치아	□ lip	□ tooth
혀	□ tooth	□ tongue

Quiz 빈칸을 채우세요.

I have ________. 나는 머리카락이 있다.

Action 동작3

I can't hear. 나는 들을 수 없다.

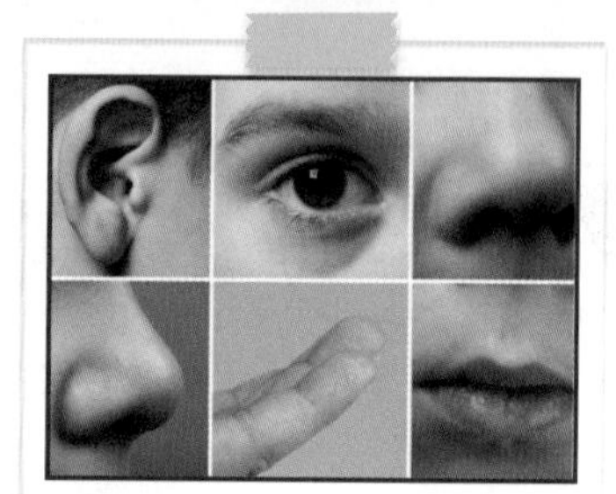

258 **see** [siː] 동 보다

단어 완성하기

s □ □

259 **smell** [smel] 동 냄새를 맡다

단어 찾기

small smell smelt

260 **taste** [teist] 동 맛보다

단어 완성하기

□ a □ t □

261 **hear** [hir] 동 (소리를) 듣다

단어 찾기

heal heat hear

262 **touch** [tʌtʃ] 동 만지다

단어 찾기

toush	torch
touch	toach

단어에 알맞은 우리말을 고르세요.

taste	□ 보다	□ 맛보다
smell	□ 맛보다	□ 냄새를 맡다
touch	□ 만지다	□ (소리를) 듣다

Quiz 빈칸을 채우세요.

I can't ______. 나는 볼 수 없다.

할 수 없는 일을 말할 때 can't를 써요.

Action 동작4

I can hit a ball. 나는 공을 칠 수 있다.

263 **catch** [kætʃ] ⓢ 잡다

단어 찾기

cach catsh catch

264 **hit** [hit] ⓢ 치다

단어 완성하기

□ □ t

265 **pass** [pæs] ⓢ 패스하다, 건네주다

단어 찾기

pass past poss

266 **throw** [θrou] ⓢ 던지다

단어 찾기

thraw	throw
thowr	thorw

267 **kick** [kik] ⓢ (발로) 차다

단어 완성하기

□ □ c □

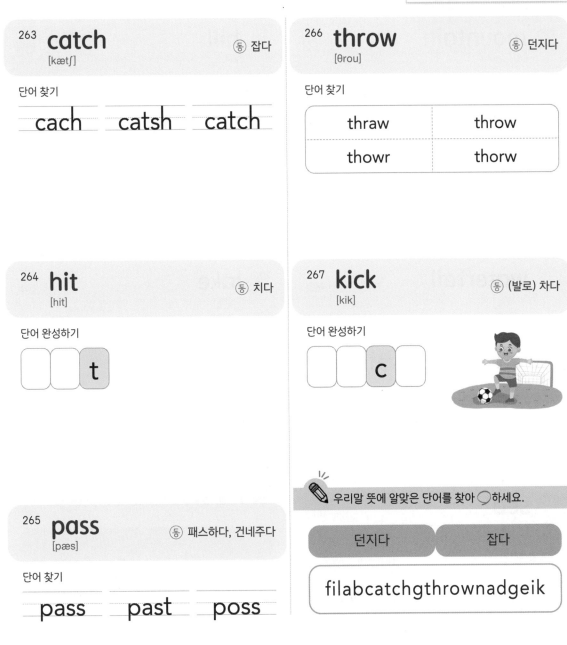

우리말 뜻에 알맞은 단어를 찾아 ◯하세요.

던지다 잡다

filabcatchgthrownadgeik

Quiz 빈칸을 채우세요.

I can ______ a ball. 나는 공을 패스할 수 있다.

Nature 자연3

We'll visit the mountain.

우리는 산을 방문할 것이다.

268 **mountain** [máuntn] 명 산

단어 찾기

mountain	mauntain
mountein	montain

269 **waterfall** [wɔ́:tərfɔ:l] 명 폭포

단어 찾기

waterfoll　watefall

waterfall

270 **sea** [si:] 명 바다

단어 완성하기

s _ _

271 **hill** [hil] 명 언덕

단어 완성하기

_ _ _ l

272 **lake** [leik] 명 호수

단어 찾기

late　lake　leka

우리말 뜻에 알맞은 단어를 찾아 ○하세요.

산　호수

dgreslakegthimountaindg

Quiz 빈칸을 채우세요.

We'll visit the ____________. 우리는 폭포를 방문할 것이다.

We'll은 We will의 줄임말로 will은 앞으로 할 일을 말할 때 써요.

Unit 55 Adjectives 형용사2

It is high. 그것은 높다.

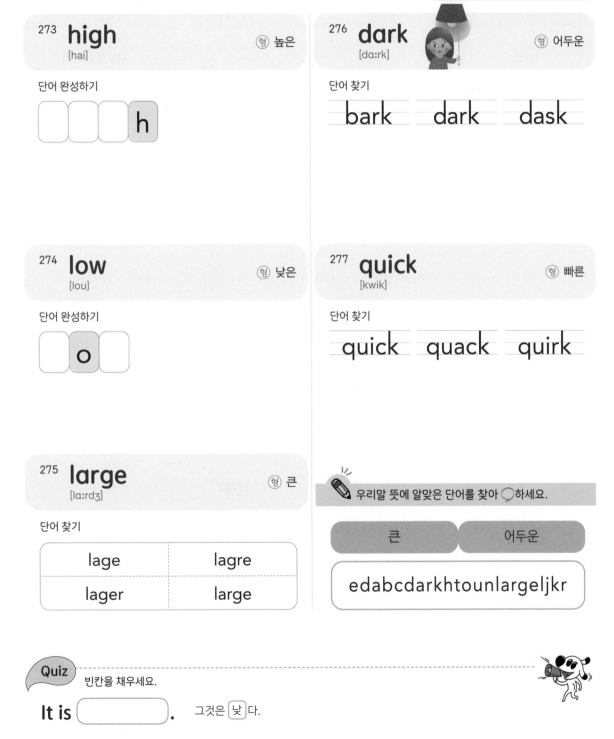

273 **high** [hai] 형 높은

단어 완성하기

			h

276 **dark** [da:rk] 형 어두운

단어 찾기

bark dark dask

274 **low** [lou] 형 낮은

단어 완성하기

	o	

277 **quick** [kwik] 형 빠른

단어 찾기

quick quack quirk

275 **large** [la:rdʒ] 형 큰

단어 찾기

lage	lagre
lager	large

우리말 뜻에 알맞은 단어를 찾아 ◯하세요.

큰 어두운

edabcdarkhtounlargeljkr

Quiz 빈칸을 채우세요.

It is ______. 그것은 낮다.

도전! 영단어 테스트 Units 51~55

맞힌 개수: /25

★ 빈칸을 채우세요.

	영단어	우리말		영단어	우리말
1	hair	머리카락	14	kick	(발로) 차다
2		이, 치아	15	pass	
3	neck		16	mountain	
4	tongue		17		폭포
5		입술	18		호수
6	see		19		언덕
7		만지다	20	sea	
8		맛보다	21	high	
9		(소리를) 듣다	22	large	
10	smell		23		낮은
11	catch		24		어두운
12		치다	25		빠른
13		던지다			

•정답은 210쪽에서 확인하세요!

Time 시간2

It's two [twenty]. 2시 [20]분이다.

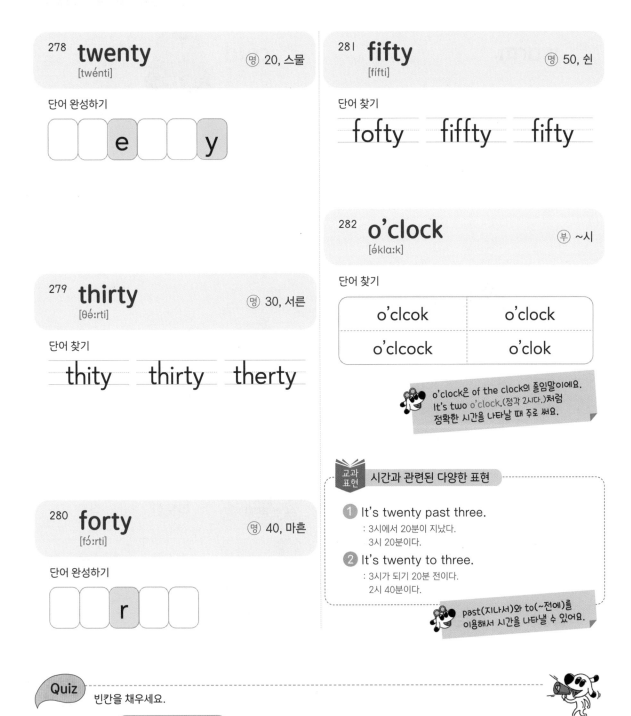

278 twenty
[twénti]
명 20, 스물

단어 완성하기

		e			y

279 thirty
[θə́:rti]
명 30, 서른

단어 찾기

thity thirty therty

280 forty
[fɔ́:rti]
명 40, 마흔

단어 완성하기

		r		

281 fifty
[fífti]
명 50, 쉰

단어 찾기

fofty fiffty fifty

282 o'clock
[əklɑ:k]
부 ~시

단어 찾기

o'clcok	o'clock
o'clcock	o'clok

o'clock은 of the clock의 줄임말이에요. It's two o'clock.(정각 2시다.)처럼 정확한 시간을 나타낼 때 주로 써요.

교과 표현 시간과 관련된 다양한 표현

1. It's twenty past three.
   : 3시에서 20분이 지났다.
   3시 20분이다.
2. It's twenty to three.
   : 3시가 되기 20분 전이다.
   2시 40분이다.

past(지나서)와 to(~전에)를 이용해서 시간을 나타낼 수 있어요.

Quiz 빈칸을 채우세요.

It's two [　　　　]. 2시 [50]분이다.

Weather 날씨2

Today is warm. 오늘은 따뜻하다.

283 **warm** [wɔːrm] 형 따뜻한

단어 찾기

warm	wame
warth	werm

284 **hot** [hɑːt] 형 더운

단어 완성하기

[ ] o [ ]

285 **wet** [wet] 형 축축한

단어 찾기

wat wet wot

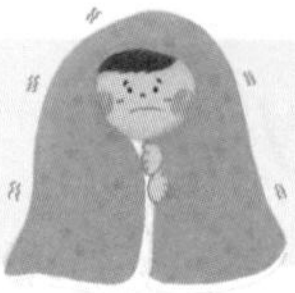

286 **cold** [kould] 형 추운

단어 찾기

cold cool cald

287 **dry** [drai] 형 건조한

단어 완성하기

[ ] r [ ]

단어에 알맞은 우리말을 고르세요.

warm	□ 따뜻한	□ 더운
cold	□ 건조한	□ 추운
wet	□ 축축한	□ 따뜻한

Quiz 빈칸을 채우세요.

Today is [ ]. 오늘은 덥다.

Unit 58 Seasons 계절

How's the weather in spring?

봄에는 날씨가 어때?

288 **spring** [spriŋ] 명 봄

단어 완성하기

s _ _ i _ _

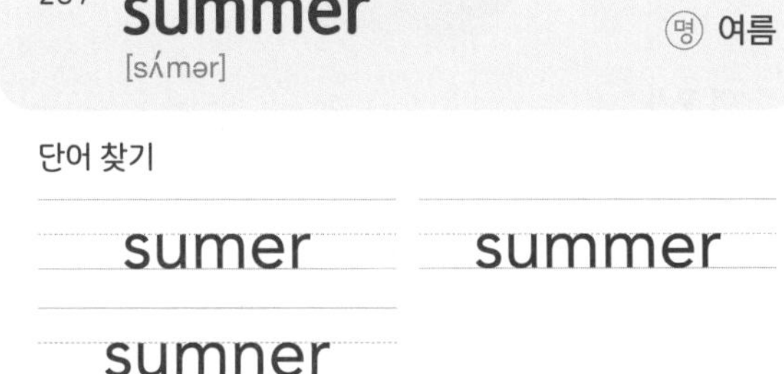

289 **summer** [sʌ́mər] 명 여름

단어 찾기

sumer summer

sumner

290 **fall** [fɔːl] 명 가을

단어 완성하기

_ a _ _

가을은 autumn이라고도 해요.

291 **winter** [wíntər] 명 겨울

단어 찾기

winnter wintter

winter

292 **season** [síːzn] 명 계절

단어 찾기

season	seosan
seson	seasson

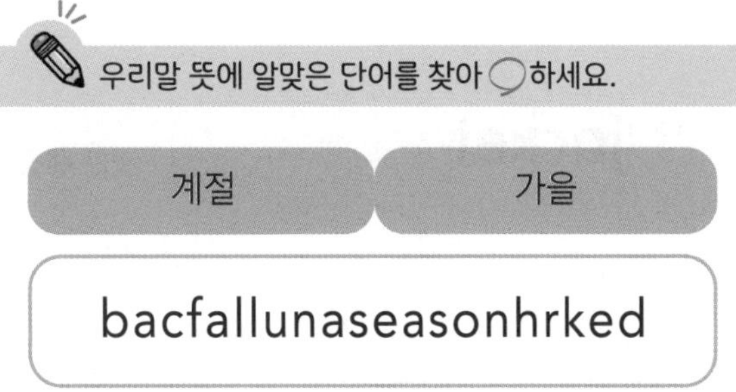

우리말 뜻에 알맞은 단어를 찾아 ◯하세요.

계절 가을

bacfallunaseasonhrked

Quiz 빈칸을 채우세요.

날씨를 물어 볼 때는 How's the weather?를 이용해서 질문해요.

How's the weather in ______?

여름에는 날씨가 어때?

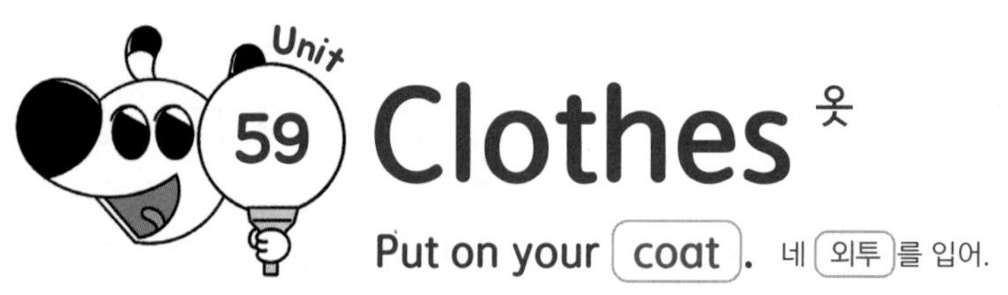

Clothes 옷

Put on your coat. 네 외투를 입어.

293 **coat** [kout] 명 외투

단어 완성하기

		a	

294 **shirt** [ʃəːrt] 명 셔츠

단어 찾기

shirt skirt shrit

295 **jacket** [dʒǽkit] 명 재킷

단어 찾기

jacet jackt jacket

296 **blouse** [blaus] 명 블라우스

단어 찾기

brouse dlouse blouse

297 **skirt** [skəːrt] 명 치마

단어 찾기

shirt	stirt
skrit	skirt

우리말 뜻에 알맞은 단어를 고르세요.

외투	☐ coat	☐ shirt
재킷	☐ jacket	☐ blouse
치마	☐ shirt	☐ skirt

Quiz 빈칸을 채우세요.

Put on your ________. 네 블라우스를 입어.

Parties 파티

This is your balloon. 이것은 네 풍선이다.

298 **birthday** [bə́:rθdei] 명 생일

단어 찾기

bithday brithday
birthday

299 **candle** [kǽndl] 명 초

단어 완성하기

_ _ n _ _ e

300 **cake** [keik] 명 케이크

단어 완성하기

_ a _ e

301 **present** [préznt] 명 선물

단어 찾기

presant present
prosent

302 **balloon** [bəlú:n] 명 풍선

단어 찾기

ballon	baloon
balloon	bolloon

단어에 알맞은 우리말을 고르세요.

birthday	□ 생일	□ 케이크
present	□ 초	□ 선물
balloon	□ 풍선	□ 케이크

Quiz 빈칸을 채우세요.

This is your ______. 이것은 네 케이크이다.

도전! 영단어 테스트 Units 56~60

맞힌 개수: /25

★빈칸을 채우세요.

	영단어	우리말		영단어	우리말
1	twenty	20, 스물	14	fall	가을
2		30, 서른	15		겨울
3	forty		16	coat	
4	fifty		17	shirt	
5		~시	18		블라우스
6	warm		19		재킷
7		더운	20		치마
8	wet		21	birthday	
9		추운	22	cake	
10	dry		23	candle	
11		계절	24		풍선
12	spring		25		선물
13		여름			

•정답은 210쪽에서 확인하세요!

My Things 내 물건2

Where is my notebook?

내 공책은 어디에 있지?

303 **phone** [foun] 명 전화기

단어 완성하기

		o		

304 **hairband** [hérbænd] 명 머리띠

단어 찾기

hairbad hairband

hiarband

305 **glasses** [glǽsiz] 명 안경

단어 완성하기

g			s			

안경은 항상 복수형으로 써야 하기 때문에
Where are my glasses?라고 물어 봐야 돼요.

306 **tape** [teip] 명 테이프

단어 찾기

tabe tage tape

307 **notebook** [nóutbuk] 명 공책

단어 찾기

notbook	noetbook
notebok	notebook

우리말 뜻에 알맞은 단어를 찾아 ○하세요.

안경 공책

cfglasseserkednotebookde

Quiz 빈칸을 채우세요.

Where is my ______? 내 테이프는 어디에 있지?

Position 위치1

The cat is [in] the box. 고양이는 상자 [안에] 있다.

308 **on** [ɑːn] ㉿ ~위에

단어 완성하기

☐☐

사람, 동물, 사물의 위치를 설명할 때 on, in, under 등과 같은 전치사를 써요.

309 **in** [in] ㉿ ~안에

단어 완성하기

☐☐

310 **under** [ʌ́ndər] ㉿ ~아래에

단어 완성하기

☐☐ d ☐☐

311 **next to** [nekst tu] ~옆에

표현 찾기

nest　next in　next to

312 **in front of** [in frʌnt əv] ~앞에

표현 찾기

in front	in front of
on front	in fornt of

우리말 뜻에 알맞은 표현을 고르세요.

상자 안에	☐ on the box ☐ in the box
상자 위에	☐ on the box ☐ next to the box
상자 아래에	☐ on the box ☐ under the box

Quiz 빈칸을 채우세요.

The cat is ________ the box. 고양이는 상자 [앞에] 있다.

Unit 63 Animals 동물5

I can't find a panda. 나는 판다를 찾을 수 없다.

313 **panda** [pǽndə] 명 판다

단어 찾기

pada pander panda

314 **tiger** [táigər] 명 호랑이

단어 완성하기

_ _ g _ _

315 **fox** [faːks] 명 여우

단어 완성하기

_ o _

316 **wolf** [wulf] 명 늑대

단어 찾기

wlf wolf wofle

317 **deer** [dir] 명 사슴

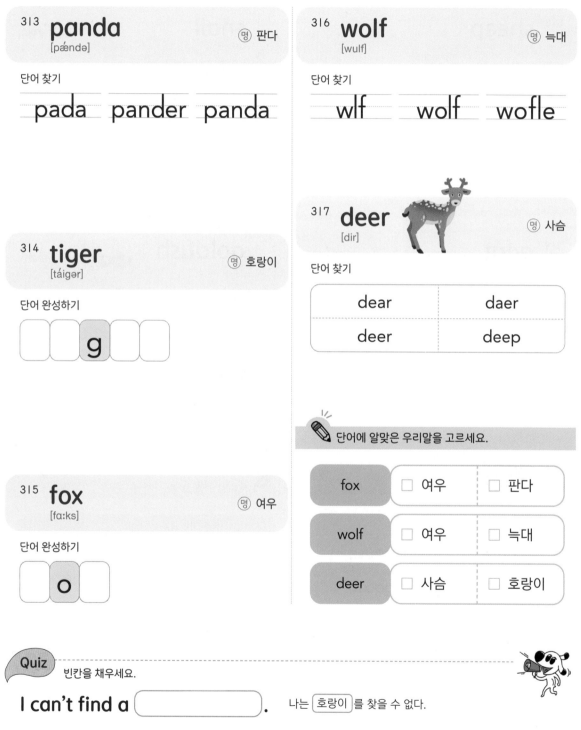

단어 찾기

dear	daer
deer	deep

단어에 알맞은 우리말을 고르세요.

fox	□ 여우	□ 판다
wolf	□ 여우	□ 늑대
deer	□ 사슴	□ 호랑이

Quiz 빈칸을 채우세요.

I can't find a ________. 나는 호랑이를 찾을 수 없다.

Animals 동물6

There is a sheep. 양이 있다.

318 **sheep** [ʃiːp] 명 양

단어 완성하기

s _ _ e _

321 **snail** [sneil] 명 달팽이

단어 완성하기

_ _ _ i _

319 **goat** [gout] 명 염소

단어 찾기

goat gout gaot

322 **goldfish** [góuldfiʃ] 명 금붕어

단어 찾기

goldfith goldfish godlfith

320 **goose** [guːs] 명 거위

단어 찾기

gose	gouse
goose	gooze

우리말 뜻에 알맞은 단어를 찾아 ◯하세요.

거위 양

dcfgoosealukednasheephr

Quiz 빈칸을 채우세요.

There is a ______. 염소가 있다.

Adjectives 형용사3

It looks fast. 그것은 빨라 보인다.

323 **fast** [fæst] ⓗ 빠른

단어 완성하기

	a		

324 **slow** [slou] ⓗ 느린

단어 찾기

slew sluw slow

325 **dirty** [də́ːrti] ⓗ 더러운

단어 찾기

dity	dirtty
drity	dirty

326 **clean** [kliːn] ⓗ 깨끗한

단어 찾기

cleen clear clean

327 **good** [gud] ⓗ 좋은

단어 완성하기

	o		

우리말 뜻에 알맞은 단어를 고르세요.

빠른	□ fast	□ slow
좋은	□ slow	□ good
깨끗한	□ dirty	□ clean

Quiz 빈칸을 채우세요.

It looks ( ). 그것은 더러워 보인다.

도전! 영단어 테스트 Units 61~65

맞힌 개수: /25

★ 빈칸을 채우세요.

영단어	우리말	영단어	우리말
1 hairband	머리띠	14 wolf	늑대
2	테이프	15 deer	
3 phone		16 sheep	
4 notebook		17	염소
5	안경	18	달팽이
6	~위에	19	거위
7 in		20 goldfish	
8	~아래에	21 fast	
9 next to		22 slow	
10 in front of		23	더러운
11 panda		24	깨끗한
12	호랑이	25 good	
13	여우		

•정답은 211쪽에서 확인하세요!

Jobs 직업2

They are doctor s. 그들은 의사 들이다.

328 **doctor** [dɑ́:ktər] 명 의사

단어 찾기

doctor docter doctoa

329 **teacher** [tí:tʃər] 명 선생님

단어 완성하기

		a				r

330 **chef** [ʃef] 명 요리사

단어 완성하기

	h		

331 **firefighter** [fáiərfaitər] 명 소방관

단어 찾기

friefighter firefighter firfighter

332 **police officer** [pəlí:s ɔ́:fisər] 명 경찰관

단어 찾기

poilce officer	police officer
polis officer	police officor

단어에 알맞은 우리말을 고르세요.

firefighter	□ 소방관	□ 경찰관
chef	□ 요리사	□ 선생님
teacher	□ 의사	□ 선생님

Quiz 빈칸을 채우세요.

직업을 물을 때는 What's your job? 또는 What do you do?를 이용해서 질문해요.

They are ______ s. 그들은 경찰관 들이다.

Places 장소1

I work in a hospital. 나는 병원에서 일한다.

333 **hospital** [hɑ́:spitl] ⓜ 병원

단어 완성하기

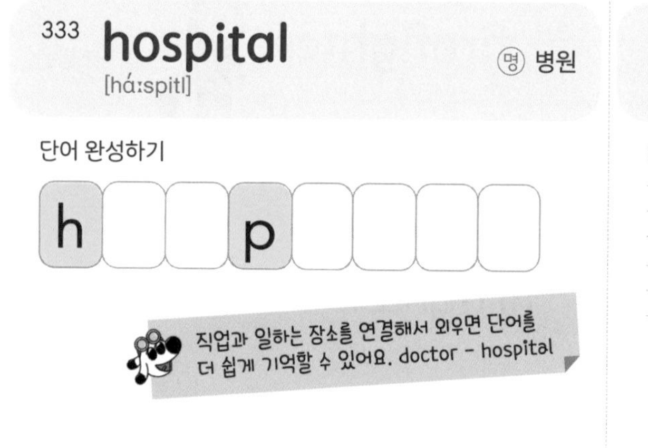

h
p
직업과 일하는 장소를 연결해서 외우면 단어를
더 쉽게 기억할 수 있어요. doctor – hospital

334 **school** [sku:l] ⓜ 학교

단어 완성하기

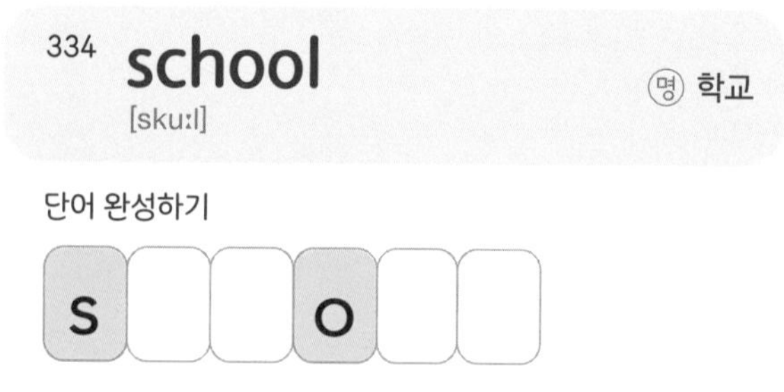

335 **restaurant** [réstərənt] ⓜ 식당

단어 찾기

restaurent	restuarant
resteurant	restaurant

336 **fire station** [fáiər stéiʃn] ⓜ 소방서

단어 찾기

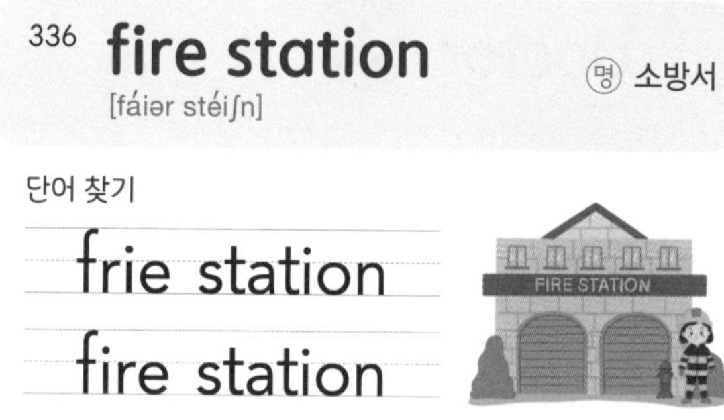

337 **police station** [pəlí:s stéiʃn] ⓜ 경찰서

단어 찾기

우리말 뜻에 알맞은 단어를 찾아 ◯하세요.

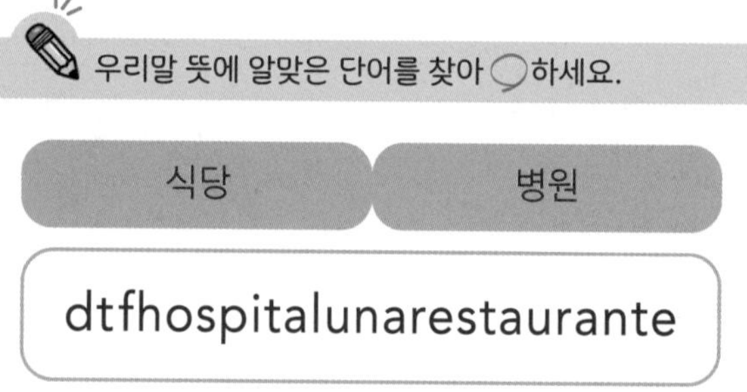

빈칸을 채우세요.

I work in a ________. 나는 경찰서에서 일한다.

Unit 68 What to Do 하는 일

I [teach students]. 나는 [학생들을 가르친다].

338 **save people** 사람들을 구하다

표현 완성하기

[ ] [a] [ ] [ ] people

339 **teach students** 학생들을 가르치다

표현 찾기

teach students

teatch students

340 **make food** 음식을 만들다

표현 찾기

mak food	make fod
make food	meka food

341 **put out fires** 불(들)을 끄다

표현 찾기

put to a fire

put out fires

342 **help people** 사람들을 돕다

표현 완성하기

[ ] [e] [ ] [ ] people

우리말 뜻에 알맞은 단어를 고르세요.

사람들을 구하다	☐ save people ☐ teach people
불(들)을 끄다	☐ make fires ☐ put out fires
음식을 만들다	☐ make food ☐ save food

Quiz 빈칸을 채우세요.

I [ ]. 나는 [사람들을 돕는다].

Taste 맛

It tastes [sour]. 그것은 [신] 맛이 난다.

343 **sweet** [swiːt] ⓗ 달콤한

단어 찾기

sweat | sweet | swaet

344 **sour** [sauər] ⓗ (맛이) 신

단어 완성하기

☐ ☐ u ☐

345 **spicy** [spáisi] ⓗ 매운

단어 완성하기

☐ p ☐ ☐ y

346 **salty** [sɔ́ːlti] ⓗ (맛이) 짠

단어 찾기

salcy | salty | saity

347 **delicious** [dilíʃəs] ⓗ 맛있는

단어 찾기

delicous	deilcious
delicious	delicous

단어에 알맞은 우리말을 고르세요.

salty	☐ 달콤한	☐ (맛이) 짠
spicy	☐ (맛이) 신	☐ 매운
sour	☐ (맛이) 신	☐ 맛있는

Quiz 빈칸을 채우세요.

It tastes [ ]. 그것은 [달콤한] 맛이 난다.

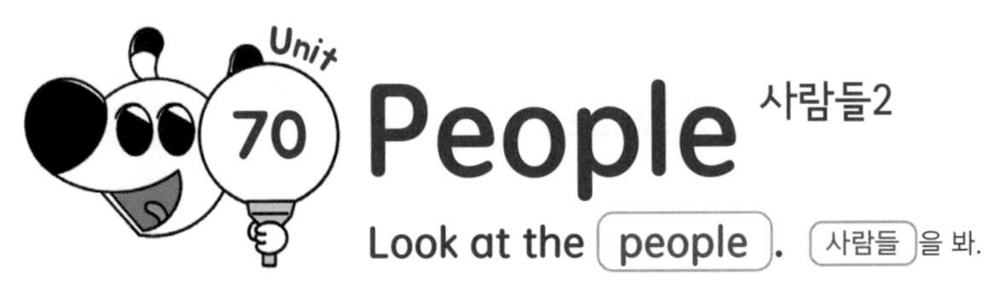

Unit 70 People 사람들2

Look at the people. 사람들을 봐.

348 **boy** [bɔi] 명 소년

단어 완성하기

| | o | |

349 **girl** [gəːrl] 명 소녀

단어 찾기

gorl gril girl

350 **man** [mæn] 명 남자

단어 완성하기

| | a | |

351 **woman** [wúmən] 명 여자

단어 찾기

womon	woman
womin	weman

352 **people** [píːpl] 명 사람들

단어 찾기

pepole people

peaple

우리말 뜻에 알맞은 단어를 찾아 ○하세요.

여자	소년

awomanllunasheeboyedbcf

Quiz 빈칸을 채우세요.

Look at the ______. 소녀를 봐.

도전! 영단어 테스트 Units 66~70

맞힌 개수: /25

★ 빈칸을 채우세요.

	영단어	우리말		영단어	우리말
1	doctor	의사	14	help people	사람들을 돕다
2		선생님	15	make food	
3	chef		16	sweet	
4	firefighter		17		(맛이) 신
5		경찰관	18		(맛이) 짠
6	hospital		19		맛있는
7	school		20	spicy	
8		식당	21	people	
9		소방서	22	woman	
10		경찰서	23		남자
11	save people		24		소년
12	teach students		25		소녀
13		불(들)을 끄다			

•정답은 211쪽에서 확인하세요!

Unit 71 Doing 하고 있는 것

I'm cook ing. 나는 요리하고 있다.

353 **cook** [kuk] ⓢ 요리하다

단어 찾기

cook　couk　coak

354 **jog** [dʒɑ:g] ⓢ 조깅하다

단어 완성하기

□ o □

"나는 조깅하고 있어"라고 말하려면 I'm jogging.이라고 해요.

355 **study** [stʌdi] ⓢ 공부하다

단어 완성하기

□ □ u □ □

356 **sing** [siŋ] ⓢ 노래하다

단어 찾기

sinq　sing　sinig

357 **laugh** [læf] ⓢ (소리 내어) 웃다

단어 찾기

laugh	laught
laung	lough

단어에 알맞은 우리말을 고르세요.

sing	□ 요리하다	□ 노래하다
cook	□ 요리하다	□ 조깅하다
jog	□ 조깅하다	□ 공부하다

Quiz 빈칸을 채우세요.

I'm ________ ing. 나는 웃고 있다.

<I'm + 동사 + -ing>를 사용해서 '나는 ~을 하고 있다'라는 표현을 할 수 있어요.

Unit 72 Do 지시2

Listen, please. 들어 줘.

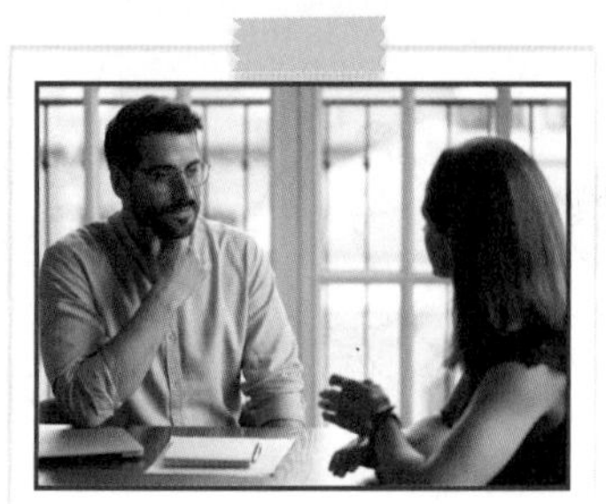

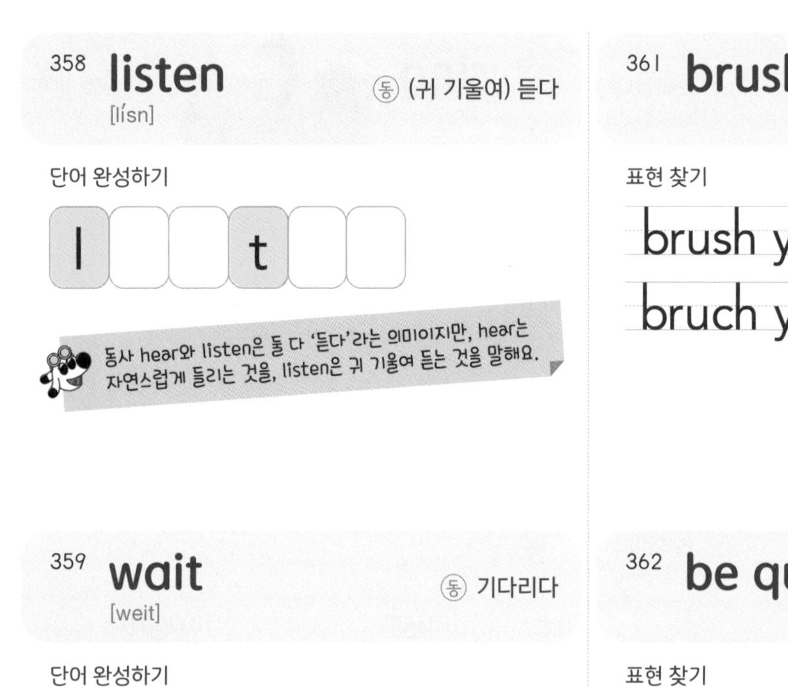

358 **listen** [lísn] 동 (귀 기울여) 듣다

단어 완성하기

l			t		

동사 hear와 listen은 둘 다 '듣다'라는 의미이지만, hear는 자연스럽게 들리는 것을, listen은 귀 기울여 듣는 것을 말해요.

359 **wait** [weit] 동 기다리다

단어 완성하기

	a		

360 **go to bed** 자러 가다

표현 찾기

go to bad	go to bed
go bed	go of bed

361 **brush your teeth** 네 이를 닦다

표현 찾기

brush your teeth

bruch your teeth

362 **be quiet** 조용히 하다

표현 찾기

be quiet　be queit

우리말 뜻에 알맞은 단어를 찾아 ○하세요.

기다리다　(귀 기울여) 듣다

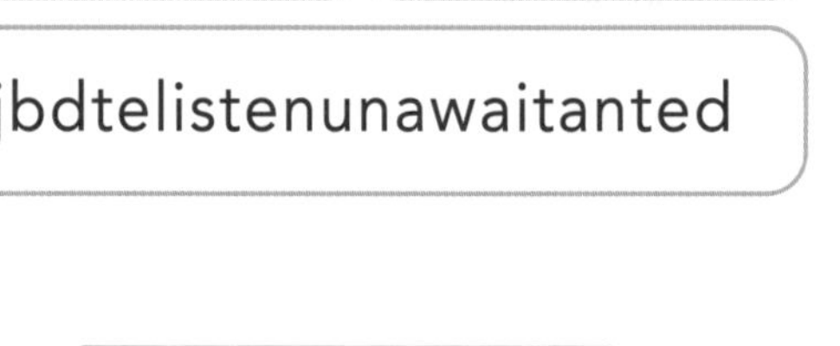

jbdtelistenunawaitanted

Quiz 빈칸을 채우세요.

동사로 '~해라'라고 지시할 때 좀 더 공손한 느낌을 주기 위해서 please를 써요.

__________, please. 네 이를 닦아 줘.

Don't 금지

Don't sit . 앉지 마.

363 **sit** [sit] 동 앉다

단어 완성하기

	i	

364 **leave** [liːv] 동 떠나다

단어 찾기

live laeve leave

365 **talk** [tɔːk] 동 말하다

단어 찾기

talk	takl
tall	tale

366 **enter** [éntər] 동 들어가다

단어 찾기

entar entor enter

367 **worry** [wəːri] 동 걱정하다

단어 완성하기

	o			y

우리말 뜻에 알맞은 단어를 고르세요.

걱정하다	☐ sit	☐ worry
들어가다	☐ talk	☐ enter
앉다	☐ sit	☐ leave

Quiz 빈칸을 채우세요.

Don't ______ . 말하지 마.

Unit 74 Future 미래1

I'll travel. 나는 여행할 것이다.

368 **travel** [trǽvl] 동 여행하다

단어 찾기

travel traver traval

369 **visit** [vízit] 동 방문하다

단어 완성하기

_ _ s _ _

동사 visit 뒤에는 보통 사람이나 장소가 나와요.
I'll visit my grandparents.
(나는 조부모님(댁)을 방문할 것이다.)

370 **go fishing** 낚시하러 가다

표현 완성하기

_ o _ _ _ _ i _ g

371 **go shopping** 쇼핑하러 가다

표현 찾기

go shoping

go shopping

372 **stay home** 집에 머무르다

표현 찾기

stey home	stay home
stai home	stay homa

단어에 알맞은 우리말을 고르세요.

stay home	□ 집에 가다 □ 집에 머무르다
visit	□ 낚시하러 가다 □ 방문하다
travel	□ 여행하다 □ 쇼핑하러 가다

Quiz 빈칸을 채우세요.

I'll __________. 나는 쇼핑하러 갈 것이다.

Unit 75 Verbs 동사

I can [find] the answer. 나는 답을 [찾을] 수 있다.

373 **find** [faind] 동 찾다

단어 찾기

fund fird find

374 **know** [nou] 동 알다

단어 찾기

konw know knaw

375 **get** [get] 동 얻다

단어 완성하기

[ ] [e] [ ]

376 **guess** [ges] 동 추측하다

단어 찾기

geuss	guess
guese	guass

377 **think of** ~에 대해 생각하다

표현 완성하기

[t] [ ] [ ] [ ] [ ] [o] [ ]

우리말 뜻에 알맞은 단어를 찾아 ◯하세요.

찾다 추측하다

fhguessasretfindntedabc

Quiz 빈칸을 채우세요.

I can [ ] the answer. 나는 답을 [알] 수 있다.

도전! 영단어 테스트 Units 71~75

맞힌 개수:　　　　/25

★ 빈칸을 채우세요.

영단어	우리말	영단어	우리말
1 laugh	(소리 내어) 웃다	14 talk	말하다
2	요리하다	15 worry	
3 sing		16 travel	
4 study		17	낚시하러 가다
5	조깅하다	18	쇼핑하러 가다
6 be quiet		19	방문하다
7 listen		20 stay home	
8	기다리다	21 find	
9	네 이를 닦다	22 think of	
10 go to bed		23	추측하다
11 leave		24	얻다
12 sit		25	알다
13	들어가다		

•정답은 211쪽에서 확인하세요!

Asking 허락

Can I [use] it? 내가 그것을 [사용]해도 되니?

378 **use** [juːs] ⓢ 사용하다

단어 찾기

usr | use | user

Can I ~?는 '~해도 될까요?'라는 뜻으로, 허락을 구할 때 사용해요.

379 **take** [teik] ⓢ 가지고 가다

단어 완성하기

☐ ☐ k ☐

380 **try** [trai] ⓢ 해 보다

단어 완성하기

☐ r ☐

381 **borrow** [báːrou] ⓢ 빌리다

단어 찾기

borow | borrow | brorow

382 **come in** 들어가다

표현 찾기

come inn	ceme in
come on	come in

"내가 들어가도 되니?"라는 말을 하려면 Can I come in? 이라고 해요.

단어에 알맞은 우리말을 고르세요.

come in	☐ 해 보다	☐ 들어가다
borrow	☐ 가지고 가다	☐ 빌리다
use	☐ 사용하다	☐ 해 보다

Quiz 빈칸을 채우세요.

Can I [ ] it? 내가 그것을 [해 봐도] 되니?

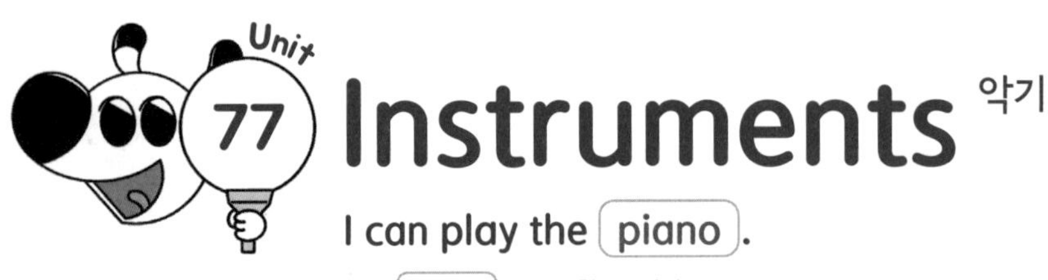

Unit 77 Instruments 악기

I can play the piano.

나는 피아노를 연주할 수 있다.

383 **piano** [piǽnou] 명 피아노

단어 완성하기

	i		n	

384 **violin** [vaiəlín] 명 바이올린

단어 찾기

violen violin volin

385 **guitar** [gitáːr] 명 기타

단어 찾기

gutar	guiter
guitar	gutiar

386 **drum** [drʌm] 명 드럼

단어 완성하기

	r		

387 **cello** [tʃélou] 명 첼로

단어 찾기

celle colle cello

우리말 뜻에 알맞은 단어를 찾아 ◯하세요.

기타	바이올린

abcfguitarasreviolinted

Quiz 빈칸을 채우세요.

I can play the ______. 나는 첼로를 연주할 수 있다.

Places 장소2

Let's go to the zoo. 동물원으로 가자.

388 **park** [pɑːrk] 명 공원

단어 완성하기

	a		

389 **library** [láibreri] 명 도서관

단어 찾기

librery   libary   library

390 **church** [tʃəːrtʃ] 명 교회

단어 찾기

chursh	chutch
church	chuch

391 **mall** [mɔːl] 명 쇼핑몰

단어 찾기

mell   mall   moll

392 **zoo** [zuː] 명 동물원

단어 완성하기

	o	

우리말 뜻에 알맞은 단어를 고르세요.

공원	□ mall	□ park
동물원	□ zoo	□ church
도서관	□ mall	□ library

Quiz 빈칸을 채우세요.

Let's go to the ______. 쇼핑몰로 가자.

In a House 집에서

Look around the living room.

거실을 둘러 봐.

393 **bedroom** [bédru:m] 명 침실

단어 찾기

bedroom badroom
bedrom

394 **living room** [líviŋ ru:m] 명 거실

단어 찾기

livng room	living rom
living room	liveing room

395 **bathroom** [bǽθru:m] 명 욕실

단어 완성하기

_ a _ _ _ _ o _

396 **kitchen** [kítʃin] 명 부엌

단어 찾기

kitchen kichen
kitchon

397 **garden** [gá:rdn] 명 정원

단어 완성하기

_ a _ _ _ n

우리말 뜻에 알맞은 단어를 찾아 ◯하세요.

부엌	욕실

bcfhbathroomgssakitchente

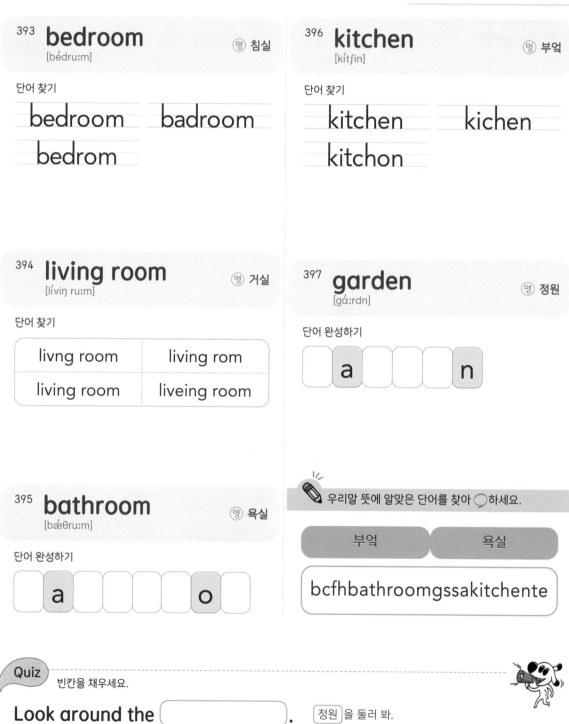

Quiz 빈칸을 채우세요.

Look around the ______. 정원을 둘러 봐.

Habits 습관

I ride my bike every day.

나는 매일 내 자전거를 탄다.

398 **wash my hands** 내 손을 씻다

표현 완성하기

☐ a ☐ ☐ my hands

399 **eat breakfast** 아침을 먹다

표현 찾기

eat reakfast

eat breakfast

400 **ride my bike** 내 자전거를 타다

표현 찾기

rie my bike	ride my biek
rid my bike	ride my bike

401 **watch TV** TV를 보다

표현 완성하기

☐ a ☐ ☐ ☐ TV

402 **clean my room** 내 방을 청소하다

표현 찾기

clear my room

clean my room

표현에 알맞은 우리말을 고르세요.

ride my bike	☐ 내 자전거를 타다 ☐ 내 손을 씻다
watch TV	☐ TV를 보다 ☐ 내 방을 청소하다
eat breakfast	☐ 아침을 먹다 ☐ 내 손을 씻다

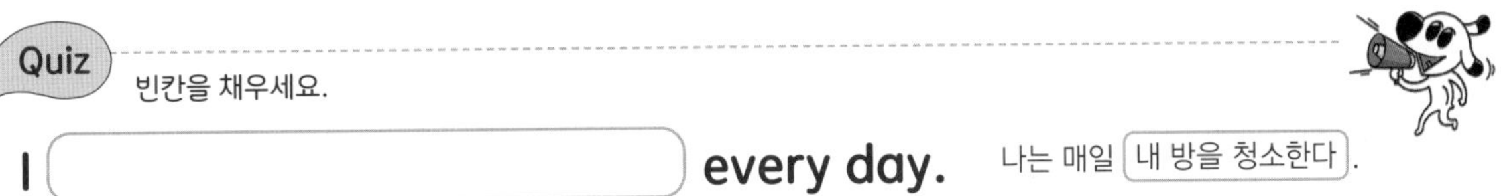

Quiz 빈칸을 채우세요.

I ________ every day. 나는 매일 내 방을 청소한다.

도전! 영단어 테스트 Units 76~80

맞힌 개수: /25

★ 빈칸을 채우세요.

영단어	우리말	영단어	우리말
1 use	사용하다	14 zoo	동물원
2	빌리다	15 mall	
3 try		16 bedroom	
4 come in		17	거실
5 take		18	욕실
6	기타	19	부엌
7	드럼	20 garden	
8 piano		21 clean my room	
9 cello		22 ride my bike	
10	바이올린	23	내 손을 씻다
11	공원	24	아침을 먹다
12 library		25	TV를 보다
13 church			

•정답은 211쪽에서 확인하세요!

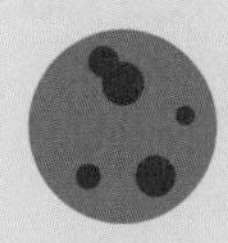

셋째 마당

5학년 교과서 영단어

주제별로 알아보는 5학년 영단어

My Things 내 물건3

Whose [bottle] is this? 이것은 누구의 (병)이니?

403 **camera** [kǽmərə] 명 카메라

단어 완성하기

c _ m _ _ _

404 **bottle** [ba:tl] 명 병

단어 찾기

botle	botlte
bottle	bottel

405 **textbook** [tékstbuk] 명 교과서

단어 찾기

textbook　testbook
taxtbook

406 **backpack** [bǽkpæk] 명 배낭

단어 완성하기

b _ _ _ p _ _ _

407 **pencil case** [pénsl keis] 명 필통

단어 찾기

pencl case	pencil case
pencle case	pemcil case

교과 표현 **물건의 주인을 묻고 답하기**

Ⓐ Whose backpack is this?
이것은 누구의 배낭이니?

Ⓑ It's Kevin's.
그것은 케빈 거야.

누구의 것인지 말할 때 <이름's>로 써요.

Quiz 빈칸을 채우세요.

이 물건이 누구의 것인지 물을 때 <Whose + 물건 + is this?>로 나타내요.

Whose [ ] is this? 이것은 누구의 (교과서)니?

Activities 활동1

Let's go camping. 캠핑하러 가자.

408 go camping 캠핑하러 가다

표현 찾기

go canping

go camping

409 go surfing 서핑하러 가다

표현 완성하기

g _ s _ _ _ i _ _

410 go bowling 볼링하러 가다

표현 찾기

go bowling

go bwoling

411 go hiking 도보 여행을 가다

표현 완성하기

_ o h _ _ i _ _

412 go sightseeing 관광하러 가다

표현 찾기

go sightseing	go sighseeing
go sightseeing	go sightseaing

우리말 뜻에 알맞은 표현을 고르세요.

볼링하러 가다	□ go hiking □ go bowling
캠핑하러 가다	□ go camping □ go surfing
도보 여행을 가다	□ go hiking □ go sightseeing

Quiz 빈칸을 채우세요.

Let's ______. 서핑하러 가자.

Unit 83 Subjects 과목1

My favorite subject is math.

내가 가장 좋아하는 과목은 수학이다.

413 **Korean** [kərí:ən] 명 한국어

단어 찾기

Koraen Korena Korean

416 **science** [sáiəns] 명 과학

단어 찾기

scence science sceince

414 **English** [íŋgliʃ] 명 영어

단어 찾기

Englich	Englitsh
English	Engilsh

417 **P.E.** 명 체육

단어 완성하기

☐ . ☐ .

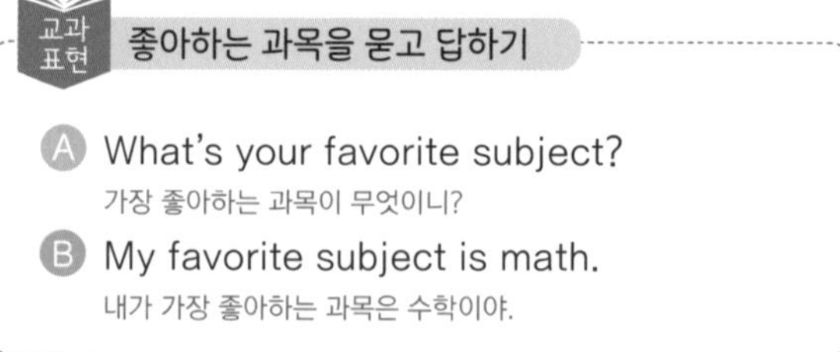

P.E.는 알파벳 이름 그대로 '피이'로 읽으면 돼요.
physical education의 줄임말이에요.

415 **math** [mæθ] 명 수학

단어 완성하기

m ☐ ☐ ☐

교과 표현 좋아하는 과목을 묻고 답하기

A What's your favorite subject?
가장 좋아하는 과목이 무엇이니?

B My favorite subject is math.
내가 가장 좋아하는 과목은 수학이야.

Quiz 빈칸을 채우세요.

favorite은 '가장 좋아하는'이라는 뜻이에요.

My favorite subject is ______. 내가 가장 좋아하는 과목은 과학이다.

What You Want 원하는 것

I want to see a movie. 나는 영화를 보고 싶다.

418 speak English 영어로 말하다

표현 완성하기

s _ _ _ k English

Hello!

419 see a movie 영화를 보다

표현 완성하기

see a m _ _ _ _

420 make a robot 로봇을 만들다

표현 찾기

make a rebot

make a robot

421 play sports 스포츠를 하다

표현 완성하기

play _ p _ _ _ _

422 invent a machine 기계를 발명하다

표현 찾기

invent a mashine

invent a machine

단어에 알맞은 우리말을 고르세요.

play sports

□ 영어로 말하다 □ 스포츠를 하다

make a robot

□ 로봇을 만들다 □ 기계를 발명하다

Quiz 빈칸을 채우세요.

I want to ______________. 나는 영어로 말하고 싶다.

Unit 85 Opposites 반의어1

They are thick. 그것들은 두껍다.

423 **hard** [hɑːrd] 형 단단한

단어 찾기

hand herd hard

426 **weak** [wiːk] 형 약한

단어 완성하기

	e		

424 **soft** [sɔːft] 형 부드러운

단어 완성하기

s			

427 **thick** [θik] 형 두꺼운

단어 찾기

thikc	thiek
thcik	thick

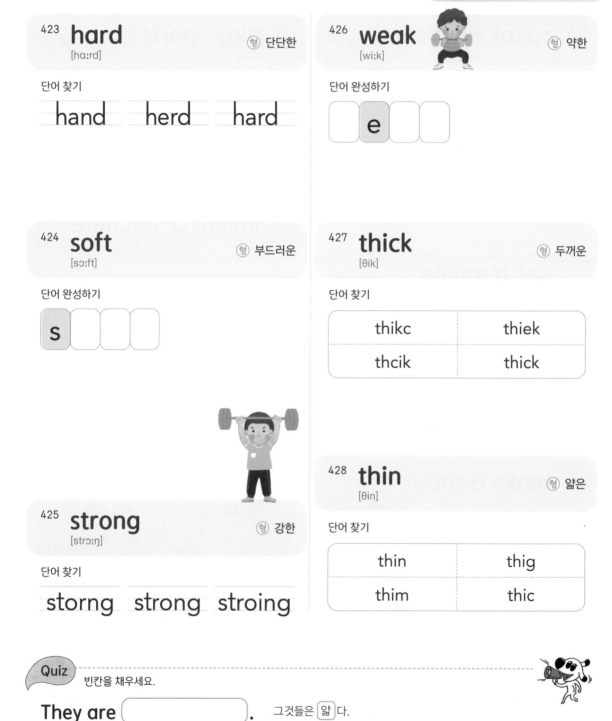

425 **strong** [strɔːŋ] 형 강한

단어 찾기

storng strong stroing

428 **thin** [θin] 형 얇은

단어 찾기

thin	thig
thim	thic

Quiz 빈칸을 채우세요.

They are ________. 그것들은 얇다.

도전! 영단어 테스트 Units 81~85

맞힌 개수:　　　　/26

★ 빈칸을 채우세요.

	영단어	우리말		영단어	우리말
1	backpack	배낭	14	science	과학
2		교과서	15	P.E.	
3	bottle		16	invent a machine	
4		카메라	17		영어로 말하다
5		필통	18		스포츠를 하다
6	go camping		19		로봇을 만들다
7	go surfing		20	see a movie	
8	go sightseeing		21	hard	
9		도보 여행을 가다	22	soft	
10		볼링하러 가다	23		강한
11	Korean		24		약한
12	English		25		얇은
13		수학	26	thick	

•정답은 212쪽에서 확인하세요!

Unit 86 Schools 학교

I enter preschool. 나는 유치원에 들어간다.

429 **preschool** [príːskuːl] 명 유치원

단어 찾기

preschool proschool

430 **elementary school** [eliméntri skuːl] 명 초등학교

단어 완성하기

_ l _ m _ _ t _ _ _

s _ h _ _ l

431 **middle school** [mídl skuːl] 명 중학교

단어 완성하기

m _ _ d _ _

_ c _ _ o _

432 **high school** [hai skuːl] 명 고등학교

단어 찾기

hight school high school

433 **university** [juːnəvə́ːrsəti] 명 대학교

단어 찾기

univercity	university
unibersity	yniversity

단어에 알맞은 우리말을 고르세요.

elementary school

☐ 초등학교 ☐ 중학교

high school

☐ 대학교 ☐ 고등학교

Quiz 빈칸을 채우세요.

I enter ________. 나는 중학교에 들어간다.

Unit 87 Food 음식3

I'd like [potato pizza].

나는 [감자 피자]로 하고 싶다.

434 **fried rice** 볶음밥
[fraid rais]

단어 완성하기

f [ ] [ ] [ ] d rice

435 **fruit salad** 과일 샐러드
[fru:t sæləd]

단어 완성하기

fruit [ ] a [ ] [ ] [ ]

436 **beefsteak** 소고기 스테이크
[bi:fsteik]

단어 찾기

beafsteak   beefsteak

437 **apple juice** 사과 주스
[æpl dʒu:s]

단어 완성하기

apple [ ] u [ ] [ ] [ ]

438 **potato pizza** 감자 피자
[pətéitou pí:tsə]

단어 찾기

potato pizza

pototo pizza

우리말 뜻에 알맞은 표현을 고르세요.

볶음밥	☐ beefsteak ☐ fried rice
과일 샐러드	☐ fruit salad ☐ apple juice

Quiz 빈칸을 채우세요.

식당에서 주문할 때 <I'd like + 음식 이름>을 사용해 원하는 것을 말할 수 있어요.

I'd like [   ].   나는 [소고기 스테이크]로 하고 싶다.

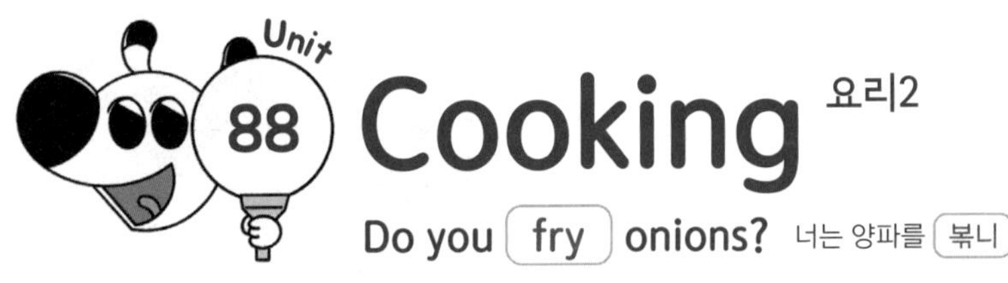

Cooking 요리2

Do you fry onions? 너는 양파를 볶니?

439 **fry** [frai] 동 볶다, 튀기다

단어 찾기

fly　fray　fry

442 **chop** [tʃɑ:p] 동 다지다

단어 찾기

chop　chap　chep

440 **add** [æd] 동 더하다

단어 완성하기

	d	

443 **peel** [pi:l] 동 껍질을 벗기다

단어 완성하기

		e	

441 **slice** [slais] 동 썰다

단어 찾기

silce	slice
sicle	sclice

slice는 얇게 써는 것을 말해요.

단어에 알맞은 우리말을 고르세요.

add	□ 더하다	□ 볶다, 튀기다
peel	□ 다지다	□ 껍질을 벗기다
slice	□ 썰다	□ 다지다

Quiz 빈칸을 채우세요.

Do you ______ onions? 너는 양파를 다지니?

Gifts 선물

I want a hairpin. 나는 머리핀을 원한다.

444 **minicar** [mínikaːr] 명 모형 자동차

단어 찾기

mincar minicar nimicar

447 **hairpin** [hérpin] 명 머리핀

단어 찾기

hairpin hairpn hairpine

445 **baseball glove** [béisbɔːl glʌv] 명 야구 글러브

단어 완성하기

b _ _ _ b _ _ _ glove

448 **comic book** [káːmik buk] 명 만화책

단어 완성하기

c _ _ _ c book

446 **soccer ball** [sáːkər bɔːl] 축구공

단어 완성하기

s _ _ c _ _ ball

우리말 뜻에 알맞은 단어를 찾아 ◯하세요.

머리핀 | 모형 자동차

abakminicarbahairpinvied

Quiz 빈칸을 채우세요.

I want a ______. 나는 모형 자동차를 원한다.

Months 월1

It is January. 1월이다.

449 **January** [dʒǽnjueri] 명 1월

단어 찾기

Janary　January
Janurary

452 **April** [éiprəl] 명 4월

단어 찾기

Apirl	April
Apiril	Aperl

450 **February** [fébrueri] 명 2월

단어 완성하기

F _ b _ _ a _ _

453 **May** [mei] 명 5월

단어 완성하기

_ a _

451 **March** [mɑːrtʃ] 명 3월

단어 찾기

Mach　Merch　March

454 **June** [dʒuːn] 명 6월

단어 찾기

Juna	June
Jenu	Jule

Quiz 빈칸을 채우세요.

It is ______. 2월이다.

'월'을 나타내는 단어는
첫 글자를 대문자로 써야 해요.

도전! 영단어 테스트 Units 86~90

맞힌 개수: /26

★빈칸을 채우세요.

영단어	우리말	영단어	우리말
1 preschool	유치원	14 add	더하다
2	초등학교	15 slice	
3 middle school		16 comic book	
4 high school		17	모형 자동차
5	대학교	18	야구 글러브
6 fried rice		19	축구공
7 beefsteak		20 hairpin	
8	사과 주스	21 January	
9	감자 피자	22	2월
10 chop		23	3월
11 fruit salad		24	4월
12	볶다, 튀기다	25 May	
13	껍질을 벗기다	26 June	

•정답은 212쪽에서 확인하세요!

Unit 91 Months 월2

It is July. 7월 이다.

455 **July** [dʒulái] 명 7월

단어 찾기

Jule June July

456 **August** [ɔ́:gʌst] 명 8월

단어 완성하기

A _ g _ _ _

457 **September** [septémbər] 명 9월

단어 찾기

Setember Semtepber
September

458 **October** [ɑ:któubər] 명 10월

단어 찾기

Otober	Octomber
October	Octeber

459 **November** [nouvémbər] 명 11월

단어 완성하기

_ o _ _ _ b _ _

460 **December** [disémbər] 명 12월

단어 찾기

December	Docember
Decamber	Depcember

Quiz 빈칸을 채우세요.

It is ______. 11월 이다.

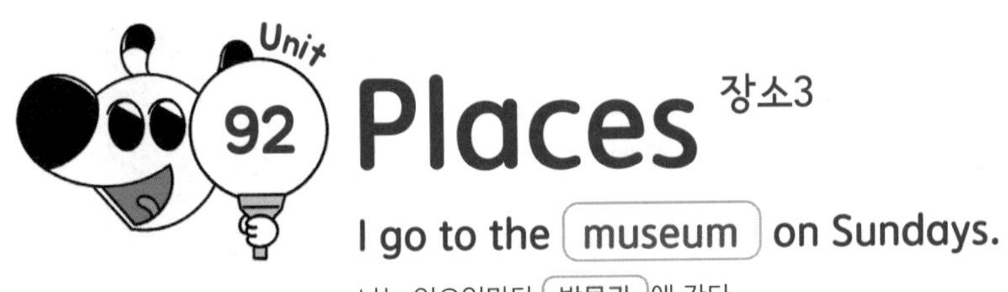

Places 장소3

I go to the museum on Sundays.

나는 일요일마다 박물관에 간다.

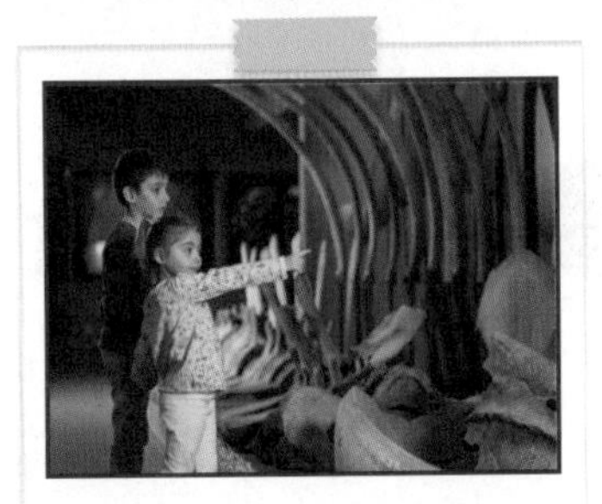

461 **museum** [mjuzíːəm] 명 박물관

단어 찾기

muzeum museum

musuem

462 **theater** [θíːətər] 명 극장

단어 완성하기

t _ _ a _ _ _

463 **bakery** [béikəri] 명 빵집

단어 완성하기

b _ _ e _ _

464 **market** [máːrkit] 명 시장

단어 찾기

market maket mraket

465 **farm** [faːrm] 명 농장

단어 찾기

fam	farm
ferm	fram

단어에 알맞은 우리말을 고르세요.

bakery	☐ 빵집	☐ 박물관
market	☐ 농장	☐ 시장
farm	☐ 농장	☐ 극장

Quiz 빈칸을 채우세요.

I go to the ________ on Sundays. 나는 일요일마다 극장에 간다.

Bathroom Things 욕실 물건

There is a [bathtub] in the bathroom.

욕실에 [욕조]가 있다.

466 **mirror** [mírər] 명 거울

단어 완성하기

	i		r		r

467 **shelf** [ʃelf] 명 선반

단어 완성하기

		e		

468 **toilet** [tɔ́ilət] 명 변기, 화장실

단어 찾기

toilut toilet toliet

469 **bathtub** [bæθtəb] 명 욕조

단어 완성하기

	a			t		

470 **toilet paper** [tɔ́ilət péipər] 명 화장지

단어 찾기

tuilet paper

toilet paper

우리말 뜻에 알맞은 단어를 찾아 ◯하세요.

욕조 선반

abckshelfmobathtubkn

Quiz 빈칸을 채우세요.

There is a [　　　] in the bathroom. 욕실에 [거울]이 있다.

Places in a School 학교 공간

This is a classroom. 이곳은 교실이다.

471 **classroom** ㉢ 교실
[klǽsruːm]

단어 찾기

clasroom
classroom
classrom

472 **music room** ㉢ 음악실
[mjúːzik ruːm]

단어 완성하기

☐ u ☐ ☐ ☐ room

473 **restroom** ㉢ 화장실
[réstruːm]

단어 찾기

rastroom	restrom
retroom	restroom

474 **art room** ㉢ 미술실
[ɑːrt ruːm]

단어 완성하기

☐ ☐ t room

475 **playground** ㉢ 운동장
[pléigraund]

단어 찾기

playground
playgrund

단어에 알맞은 우리말을 고르세요.

classroom	☐ 교실	☐ 미술실
playground	☐ 음악실	☐ 운동장
restroom	☐ 교실	☐ 화장실

Quiz 빈칸을 채우세요.

This is a ______________. 이곳은 미술실이다.

Daily Life 일상2

What time do you get up?

너는 몇 시에 일어나니?

476 **get up** 일어나다

표현 찾기

gat up　get up

get off

477 **go to school** 학교에 가다

표현 완성하기

g ☐ t ☐ school

478 **get home** 집에 도착하다

표현 완성하기

☐ e ☐ home

479 **have lunch** 점심을 먹다

표현 찾기

have lunch

hav lunch

480 **do your homework** 네 숙제를 하다

표현 완성하기

do your

h ☐ ☐ ☐ ☐ ☐ ☐ k

교과 표현 일상 생활을 묻고 답하기

A What time do you get up?
너는 몇 시에 일어나니?

B I get up at 7.
나는 7시에 일어나.

Quiz 빈칸을 채우세요.

What time do you ______? 너는 몇 시에 집에 도착하니?

What time ~?으로 몇 시인지 물어 볼 수 있어요.

도전! 영단어 테스트 Units 91~95

맞힌 개수: /26

★ 빈칸을 채우세요.

영단어	우리말	영단어	우리말
1 July	7월	14 toilet	변기, 화장실
2	8월	15 bathtub	
3 September		16 toilet paper	
4 October		17	교실
5	11월	18	음악실
6 December		19 restroom	
7	박물관	20 art room	
8	극장	21 playground	
9	빵집	22 get up	
10 market		23	점심을 먹다
11 farm		24	학교에 가다
12	거울	25	집에 도착하다
13	선반	26 do your homework	

•정답은 212쪽에서 확인하세요!

Frequency 빈도1

I always have breakfast. 나는 항상 아침을 먹는다.

481 **always** [ɔ́ːlweiz] ㊇ 항상

단어 찾기

alway alwasy always

482 **usually** [jú:ʒuəli] ㊇ 대개

단어 완성하기

□ s □ □ □ □ y

483 **often** [ɔ́:fn] ㊇ 자주

단어 완성하기

o □ t □ □

484 **sometimes** [sʌ́mtaimz] ㊇ 때때로

단어 찾기

sometimes

somtimes

485 **never** [névər] ㊇ 결코 ~않다

단어 찾기

nevor	naver
never	nevre

꿀팁 그림으로 보는 빈도 부사

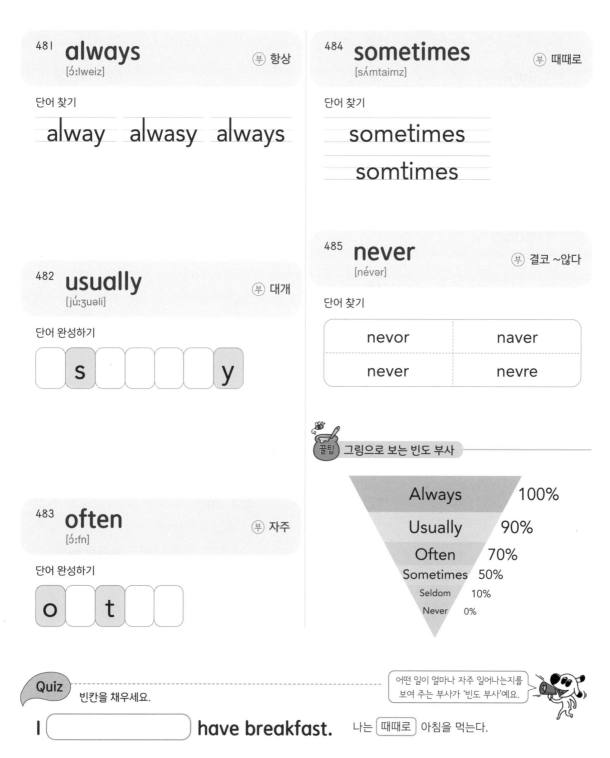

Always	100%
Usually	90%
Often	70%
Sometimes	50%
Seldom	10%
Never	0%

Quiz 빈칸을 채우세요.

어떤 일이 얼마나 자주 일어나는지를 보여 주는 부사가 '빈도 부사'예요.

I ________ have breakfast. 나는 때때로 아침을 먹는다.

Daily Life 일상3

I take a bus every day.

나는 매일 버스를 탄다.

486 **take a bus** 버스를 타다

표현 완성하기

t _ _ _ a bus

489 **listen to music** 음악을 듣다

표현 완성하기

l _ _ _ _ n to music

487 **go home** 집에 가다

표현 완성하기

go _ o _ _

490 **keep a diary** 일기를 쓰다

표현 찾기

keep a diary

keep diary

488 **take a shower** 샤워하다

표현 찾기

take a shower

take a showor

표현에 알맞은 우리말을 고르세요.

take a shower

☐ 샤워하다 ☐ 음악을 듣다

go home

☐ 버스를 타다 ☐ 집에 가다

Quiz 빈칸을 채우세요.

I ________ every day. 나는 매일 일기를 쓴다.

Unit 98 Places 장소4

I live in a town. 나는 소도시에 산다.

491 **town** [taun] 명 소도시

단어 찾기

towe tonw town

494 **village** [vílidʒ] 명 마을

단어 찾기

villge village villiage

492 **city** [siti] 명 도시

단어 완성하기

	i		

495 **island** [áilənd] 명 섬

단어 완성하기

	s				d

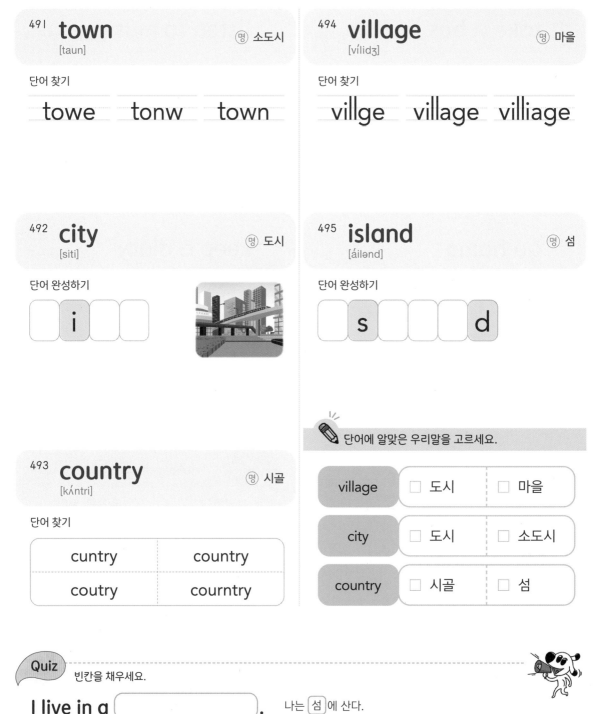

493 **country** [kʌ́ntri] 명 시골

단어 찾기

cuntry	country
coutry	courntry

단어에 알맞은 우리말을 고르세요.

village	□ 도시	□ 마을
city	□ 도시	□ 소도시
country	□ 시골	□ 섬

Quiz 빈칸을 채우세요.

I live in a ________. 나는 섬에 산다.

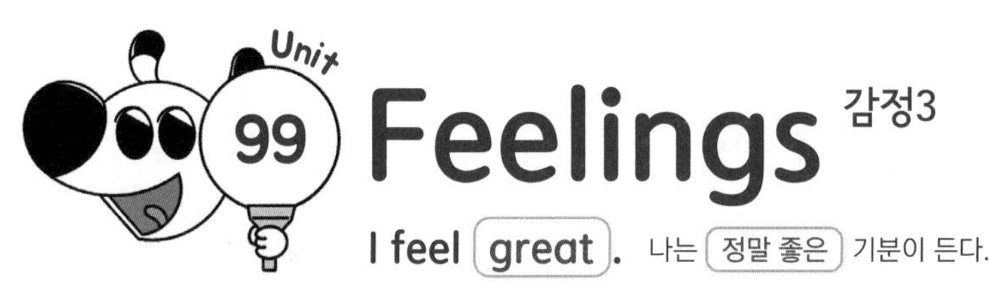

Feelings 감정3

I feel great. 나는 정말 좋은 기분이 든다.

496 **great** [greit] 형 정말 좋은

단어 찾기

grate great graet

499 **worried** [wə́:rid] 형 걱정하는

단어 찾기

worred worried
worryed

497 **sorry** [sɑ́:ri] 형 미안한

단어 완성하기

| | o | | | y |

500 **lonely** [lóunli] 형 외로운

단어 완성하기

| l | | | | l | |

498 **well** [wel] 형 (건강 상태가) 좋은 부 잘, 좋게

단어 완성하기

| | e | | |

I feel well.
나는 (건강 상태가) 좋다.

우리말 뜻에 알맞은 단어를 찾아 ◯하세요.

걱정하는	미안한

abaworriedbahasorryvied

Quiz 빈칸을 채우세요.

I feel ______. 나는 외로운 기분이 든다.

Compounds 합성어1

Do you need a toothbrush?

너는 칫솔이 필요하니?

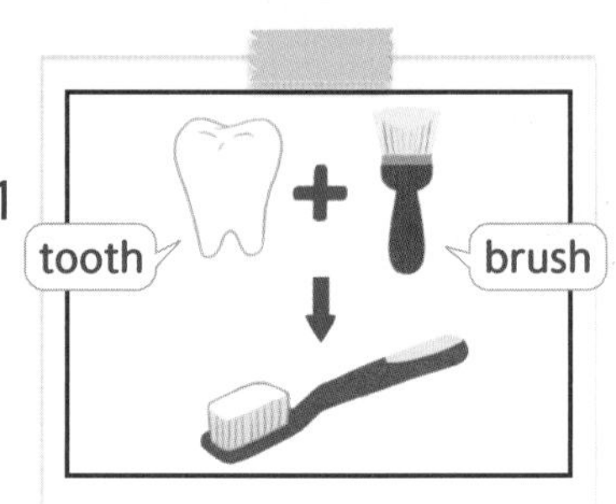

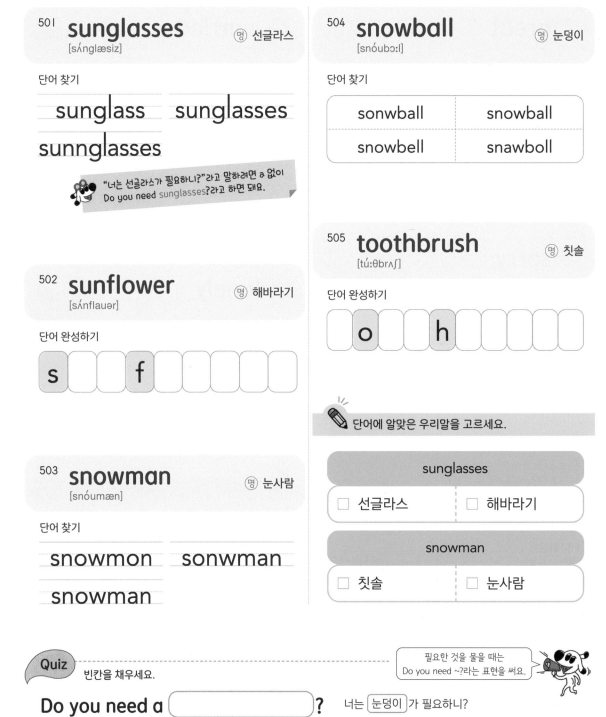

501 **sunglasses** [sʌ́nglæsiz] 명 선글라스

단어 찾기

sunglass　sunglasses

sunnglasses

"너는 선글라스가 필요하니?"라고 말하려면 a 없이 Do you need sunglasses?라고 하면 돼요.

502 **sunflower** [sʌ́nflauər] 명 해바라기

단어 완성하기

s			f					

503 **snowman** [snóumæn] 명 눈사람

단어 찾기

snowmon　sonwman

snowman

504 **snowball** [snóubɔːl] 명 눈덩이

단어 찾기

sonwball	snowball
snowbell	snawboll

505 **toothbrush** [túːθbrʌʃ] 명 칫솔

단어 완성하기

	o			h					

단어에 알맞은 우리말을 고르세요.

sunglasses

☐ 선글라스　☐ 해바라기

snowman

☐ 칫솔　☐ 눈사람

Quiz 빈칸을 채우세요.

필요한 것을 물을 때는 Do you need ~?라는 표현을 써요.

Do you need a ________? 너는 눈덩이가 필요하니?

도전! 영단어 테스트 Units 96~100

맞힌 개수: /25

★ 빈칸을 채우세요.

	영단어	우리말		영단어	우리말
1	always	항상	14	village	마을
2		대개	15	island	
3	often		16		걱정하는
4		때때로	17		미안한
5	never		18	great	
6	take a bus		19		(건강 상태가)좋은, 잘, 좋게
7	go home		20		외로운
8		일기를 쓰다	21	sunglasses	
9		음악을 듣다	22	toothbrush	
10	take a shower		23		눈사람
11	town		24		눈덩이
12		도시	25		해바라기
13		시골			

•정답은 212쪽에서 확인하세요!

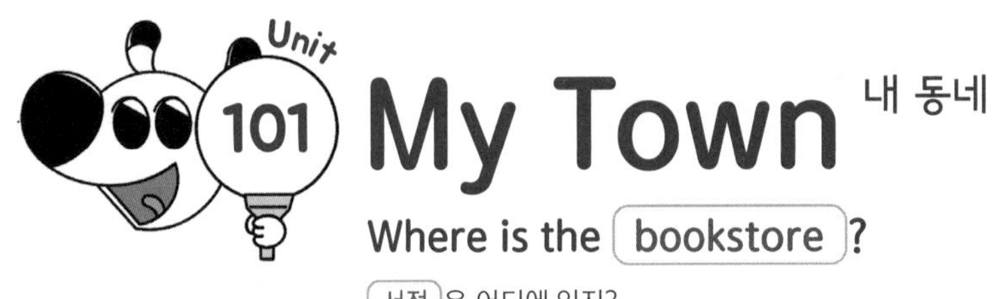

Unit 101 My Town 내 동네

Where is the bookstore?

서점은 어디에 있지?

506 **bookstore** [búkstɔ:r] 명 서점

단어 찾기

booktore bookstroe bookstore

507 **bank** [bæŋk] 명 은행

단어 완성하기

b _ _ _

508 **bus stop** [bʌs stɑ:p] 명 버스 정류장

단어 완성하기

bus _ t _ _

509 **post office** [póust ɔ:fis] 명 우체국

단어 찾기

pote office post office

510 **flower shop** [fláuər ʃɑ:p] 꽃집

단어 찾기

fower shop	flower shap
flawer shop	flower shop

단어에 알맞은 우리말을 고르세요.

bank	□ 은행	□ 서점
bus stop	□ 우체국	□ 버스 정류장
bookstore	□ 꽃집	□ 서점

Quiz 빈칸을 채우세요.

Where is the ______? 우체국은 어디에 있지?

Unit 102 Directions 길 안내

511 go straight 직진으로 가다

표현 완성하기

go s _ _ _ _ _ _ t

straight는 '똑바로, 일직선으로'라는 뜻이에요.

512 go one block 한 블록을 가다

표현 완성하기

go one _ l _ _ _

block은 '(도로로 나뉘는) 구역, 블록'이라는 뜻이에요.

513 turn right 오른쪽으로 돌다

표현 찾기

trun right　　turn right

514 turn left 왼쪽으로 돌다

표현 찾기

turn left

tune left

515 see on your left 네 왼쪽을 보다

표현 완성하기

see on your l _ _ _

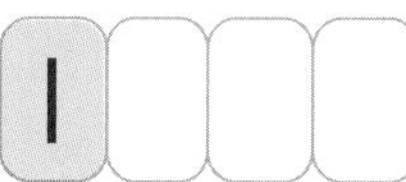

교과 표현 길을 묻고 답하기

Ⓐ Where is the zoo?
동물원이 어디에 있나요?

Ⓑ Go straight and turn right.
직진하고 나서 오른쪽으로 도세요.

Time 시간3

What will you do this week?

너는 이번 주에 무엇을 할 거니?

516 **tomorrow** [təmά:rou] 명 내일

단어 찾기

tomorrowe tomorrow

twomorrow

What will you do tomorrow?
(너는 내일 무엇을 할 거니?)
tomorrow 앞에는 this를 붙이지 않아요.

517 **week** [wi:k] 명 주

단어 완성하기

_ e _ _

518 **weekend** [wí:kend] 명 주말

단어 찾기

weakend	weeknd
wekeend	weekend

519 **month** [mʌnθ] 명 월

단어 찾기

mouth month momth

520 **year** [jir] 명 (열두 달로 이뤄진) 해, 1년

단어 완성하기

_ _ a _

단어에 알맞은 우리말을 고르세요.

week	□ 주	□ 주말
year	□ 주말	□ 해, 1년
month	□ 내일	□ 월

Quiz 빈칸을 채우세요.

What will you do this ________? 너는 이번 주말에 무엇을 할 거니?

Unit 104 Schedule 일정

I will [go on a picnic]. 나는 [소풍을 갈] 것이다.

521 join a camp 캠프에 가입하다

표현 찾기

jion a camp join a camp

524 wash my dog 내 개를 씻기다

표현 찾기

wash my dog

wasch my dog

522 take a dance class 댄스 수업을 받다

표현 완성하기

take a dance

[ ] [l] [ ] [s] [ ]

525 go on a picnic 소풍을 가다

표현 완성하기

go on a [ ] [i] [ ] [ ] [i] [ ]

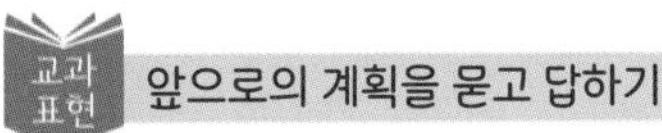

523 learn Chinese 중국어를 배우다

표현 완성하기

learn [C] [ ] [ ] [ ] [ ] [ ] [e]

교과 표현 앞으로의 계획을 묻고 답하기

A What will you do this summer?
이번 여름에 무엇을 할 거니?

B I will go on a picnic.
나는 소풍을 갈 거야.

Quiz 빈칸을 채우세요.

I will [ ]. 나는 [댄스 수업을 받을] 것이다.

Multiple Meanings 여러 의미1

526 **water** [wɔːtər] ㉠ 물 ㉡ 물을 주다

표현 연결하기

need **water**	꽃에 물을 주다
water the flower	물이 필요하다

527 **brush** [brʌʃ] ㉠ 솔, 빗 ㉡ 빗질하다

표현 연결하기

paint with a **brush**	솔로 칠하다
brush hair	머리를 빗다

528 **answer** [ǽnsər] ㉠ 답 ㉡ 답하다

표현 연결하기

write the **answer**	문제에 답하다
answer the question	답을 쓰다

529 **drink** [driŋk] ㉠ 음료 ㉡ 마시다

표현 연결하기

drink water	물을 마시다
hot **drinks**	뜨거운 음료

530 **play** [plei] ㉠ 연극 ㉡ 놀다

표현 연결하기

see the **play**	공으로 놀다
play with a ball	연극을 보다

밑줄 친 단어에 알맞은 우리말을 고르세요.

water the flower	□ 물	□ 물을 주다
need water	□ 물	□ 물을 주다
drink water	□ 음료	□ 마시다
hot drinks	□ 음료	□ 마시다

도전! 영단어 테스트 Units 101~100

맞힌 개수: /25

★ 빈칸을 채우세요.

	영단어	우리말		영단어	우리말
1	bookstore	서점	14	week	주
2		버스 정류장	15	month	
3		은행	16		캠프에 가입하다
4	post office		17	take a dance class	
5	flower shop		18	go on a picnic	
6	go straight		19	learn Chinese	
7		오른쪽으로 돌다	20	wash my dog	
8		왼쪽으로 돌다	21		솔, 빗, 빗질하다
9		한 블록을 가다	22	water	
10	see on your left		23	answer	
11	tomorrow		24		음료, 마시다
12		주말	25		연극, 놀다
13		해, 1년			

22, 23번은 두 가지 우리말 뜻을 모두 써 보세요.

•정답은 213쪽에서 확인하세요!

People 사람들3

He is kind. 그는 친절하다.

531 **handsome** [hǽnsəm] ⓗ 잘생긴

단어 찾기

hansome hansdome
handsome

532 **beautiful** [bjúːtifl] ⓗ 아름다운

단어 완성하기

b _ _ _ t _ _ _ _

533 **ugly** [ʌgli] ⓗ 못생긴

단어 완성하기

_ g _ _

534 **kind** [kaind] ⓗ 친절한

단어 찾기

kind kimd kinda

535 **smart** [smɑːrt] ⓗ 똑똑한

단어 찾기

smart	smat
smert	smrat

단어에 알맞은 우리말을 고르세요.

ugly	□ 똑똑한	□ 못생긴
handsome	□ 잘생긴	□ 못생긴
kind	□ 친절한	□ 아름다운

Quiz 빈칸을 채우세요.

She is ______. 그녀는 똑똑하다.

Festivals 축제

We love a flea market.

우리는 벼룩시장을 굉장히 좋아한다.

536 **flea market** ⓜ 벼룩시장
[fliː mɑ́ːrkit]

단어 완성하기

f _ _ _ market

539 **food truck** 푸드 트럭
[fuːd trʌk]

단어 찾기

food truck

food truk

537 **concert** ⓜ 콘서트
[kɑ́ːnsərt]

단어 찾기

concet concert concart

540 **school festival** 학교 축제
[skuːl féstivl]

단어 완성하기

school _ e _ _ i _ _ _

538 **magic show** 마술 쇼
[mǽdʒik ʃou]

단어 완성하기

_ a _ _ _ show

단어에 알맞은 우리말을 고르세요.

magic show
- □ 마술 쇼
- □ 콘서트

flea market
- □ 푸드 트럭
- □ 벼룩시장

Quiz 빈칸을 채우세요.

We love a ______. 우리는 콘서트를 굉장히 좋아한다.

Unit 108 Fairy Tales 동화

There was a prince. 왕자가 있었다.

541 **prince** [prins] 명 왕자

단어 찾기

prinece prince print

544 **queen** [kwi:n] 명 왕비

단어 찾기

quean gueen queen

542 **princess** [prínses] 명 공주

단어 완성하기

	r			c			

545 **crown** [kraun] 명 왕관

단어 완성하기

		o		

543 **king** [kiŋ] 명 왕

단어 찾기

kimg	king
kign	kinq

단어에 알맞은 우리말을 고르세요.

queen	□ 왕	□ 왕비
crown	□ 왕관	□ 왕
princess	□ 왕자	□ 공주

Quiz 빈칸을 채우세요.

There was ~는 '~이 있었다'라는 뜻이에요.

There was a ______. 왕이 있었다.

Body 신체3

Keep your skin healthy.

네 피부를 건강하게 유지해라.

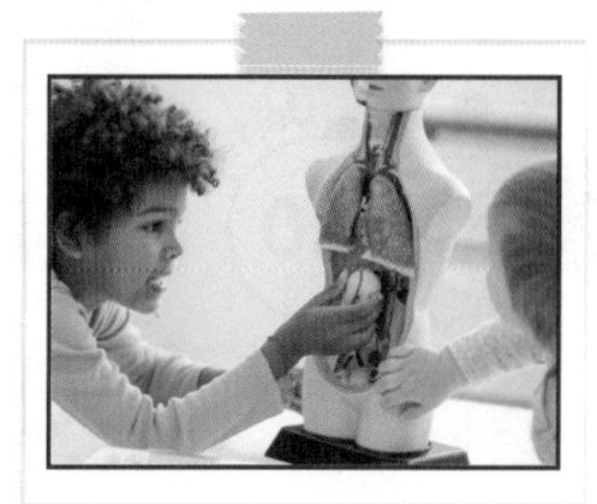

546 **skin** [skin] 명 피부

단어 찾기

skin skun sken

547 **heart** [hɑːrt] 명 심장

단어 완성하기

_ _ a _ _

548 **brain** [brein] 명 뇌

단어 완성하기

b _ _ _ _

549 **blood** [blʌd] 명 피

단어 찾기

bloud blood bloood

550 **bone** [boun] 명 뼈

단어 완성하기

_ _ _ e

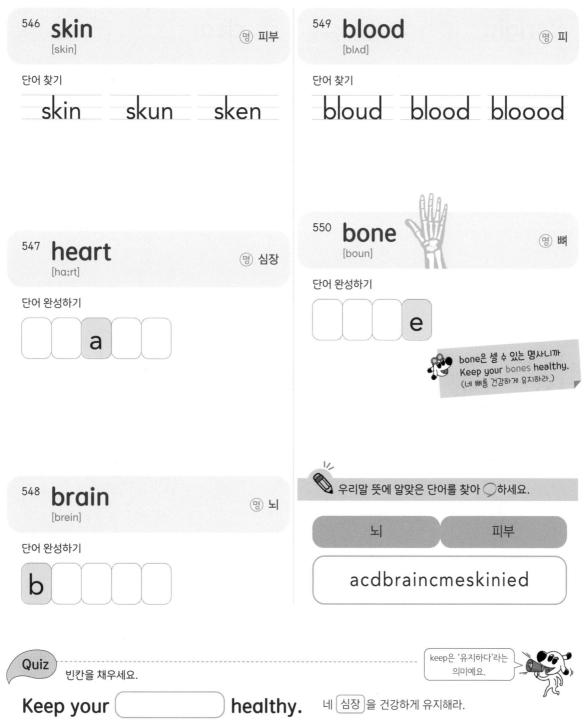

bone은 셀 수 있는 명사니까
Keep your bones healthy.
(네 뼈를 건강하게 유지해라.)

우리말 뜻에 알맞은 단어를 찾아 ○하세요.

뇌	피부

acdbraincmeskinied

Quiz 빈칸을 채우세요.

keep은 '유지하다'라는 의미예요.

Keep your ____________ healthy. 네 심장을 건강하게 유지해라.

Unit 110 Multiple Meanings 여러 의미2

551 **right** [rait] ⓗ 옳은, 오른쪽의

단어 찾기

rihgt　right　rigth

552 **light** [lait] ⓗ 밝은, 가벼운

단어 완성하기

l			h	

right와 light에서 'gh'는 발음이 안 되는 묶음이에요. 발음할 때 주의하세요.

553 **bad** [bæd] ⓗ 나쁜, (음식이) 상한

단어 찾기

bad　bed　dab

554 **clear** [klir] ⓗ 확실한, 맑은

단어 찾기

clean	cleat
clear	close

555 **cool** [ku:l] ⓗ 시원한, 멋진

단어 완성하기

	o		

우리말 뜻에 알맞은 단어를 고르세요.

옳은, 오른쪽의	□ bad	□ right
밝은, 가벼운	□ light	□ right
확실한, 맑은	□ cool	□ clear

도전! 영단어 테스트 Units 106~110

맞힌 개수: /25

★ 빈칸을 채우세요.

영단어	우리말	영단어	우리말
1 handsome	잘생긴	14 queen	왕비
2	아름다운	15 crown	
3 ugly		16 skin	
4 kind		17	뇌
5 smart		18	심장
6 flea market		19	피
7	마술 쇼	20 bone	
8	콘서트	21 right	
9 food truck		22 cool	
10	학교 축제	23	나쁜, (음식이) 상한
11 prince		24	확실한, 맑은
12	공주	25	밝은, 가벼운
13	왕		

21과 22번은 두 가지 우리말 뜻을 모두 써 보세요.

•정답은 213쪽에서 확인하세요!

Unit 111 Activities 활동2

May I [take a picture]? [사진을 찍어도] 될까요?

556 take a picture 사진을 찍다

표현 찾기

take a picture

take a pikture

559 bring my dog 내 개를 데려오다

표현 찾기

bring my dog

brinq my dog

557 use the pencil 연필을 쓰다

표현 완성하기

use the [ ] [e] [ ] [ ] [i] [ ]

560 try this on 이것을 입어 보다

표현 찾기

try this in	try this on
try this of	try this at

558 close the window 창문을 닫다

표현 완성하기

close the

[ ] [i] [ ] [d] [ ] [ ]

교과 표현 허락을 요청하고 답하기

Ⓐ May I take a picture?
사진을 찍어도 될까요?

Ⓑ Yes, you may. / No, you may not.
네, 그래요. / 아니요, 안 됩니다.

Quiz 빈칸을 채우세요.

May I [ ]? [창문을 닫아도] 될까요?

Jobs 직업3

I want to be a painter.

나는 화가가 되고 싶다.

561 **painter** [péintər] 명 화가

단어 완성하기

p _ _ _ t _ _

562 **scientist** [sáiəntist] 명 과학자

단어 완성하기

_ c _ _ _ t _ _ _

563 **engineer** [endʒinír] 명 엔지니어

단어 찾기

engineer engnieer

enginear

engineer 앞에는 an을 붙이는 거 모두 알고 있죠?
I want to be an engineer.

564 **nurse** [nəːrs] 명 간호사

단어 찾기

nruse nurs nurse

565 **photographer** [fətáːgrəfər] 명 사진사

단어 찾기

photegrapher	photorgrapher
photographor	photographer

교과 표현 장래 희망을 묻고 답하기

A What do you want to be?
너는 무엇이 되고 싶니?

B I want to be a photographer.
나는 사진사가 되고 싶어.

Quiz 빈칸을 채우세요.

I want to be a ____________. 나는 과학자가 되고 싶다.

Hobbies 취미

I like to look at flowers .

나는 꽃(들)을 보는 것 을 좋아한다.

566 **look at flowers** 꽃을 보다

표현 찾기

look at flowers

look at flowars

567 **grow plants** 식물을 기르다

표현 완성하기

grow [ ] [l] [ ] [ ] [t] [ ]

568 **play board games** 보드 게임을 하다

표현 찾기

play baord games	play board games
play bord games	play board gmaes

569 **draw pictures** 그림을 그리다

표현 찾기

draw pictures

drew pictures

570 **write stories** 이야기를 쓰다

표현 완성하기

write [ ] [t] [ ] [ ] [i] [ ] [ ]

표현에 알맞은 우리말을 고르세요.

grow plants

☐ 꽃을 보다 ☐ 식물을 기르다

draw pictures

☐ 사진을 찍다 ☐ 그림을 그리다

Quiz 빈칸을 채우세요.

I like to [ ]. 나는 보드게임(들)을 하는 것 을 좋아한다.

Vacation 방학

I want to [go climbing] in summer.

나는 여름에 [등산을 가고] 싶다.

571 jump rope 줄넘기하다

표현 찾기

jump rope

jump robe

574 ride a boat 배를 타다

표현 찾기

ride a boat

rida a boat

572 go climbing 등산을 가다

표현 완성하기

go c□□□□□□□

575 pick tomatoes 토마토를 따다

표현 완성하기

p□□□ tomatoes

573 learn about stars 별에 대해 배우다

표현 완성하기

learn about □□□□s

표현에 알맞은 우리말을 고르세요.

ride a boat	□ 자전거를 타다 □ 배를 타다
learn about stars	□ 별에 대해 배우다 □ 우주에 대해 배우다

Quiz 빈칸을 채우세요.

I want to [　　　　　] in summer. 나는 여름에 [줄넘기를 하고] 싶다.

Character 성격

You're [clever]. 너는 [현명하]다.

576 **honest** [ɑ́:nist] ⓗ 정직한

단어 찾기

honet | henost | honest

577 **clever** [klévər] ⓗ 현명한

단어 완성하기

c			v		

578 **brave** [breiv] ⓗ 용감한

단어 찾기

breve | brave | bravo

579 **calm** [kɑ:m] ⓗ 침착한

단어 찾기

caml	cmal
clam	calm

580 **lazy** [leizi] ⓗ 게으른

단어 완성하기

	a		

우리말 뜻에 알맞은 단어를 고르세요.

게으른	□ calm	□ lazy
용감한	□ brave	□ clever
정직한	□ calm	□ honest

Quiz 빈칸을 채우세요.

You're [ ]. 너는 [침착하]다.

도전! 영단어 테스트 Units 111~115

맞힌 개수: /25

★ 빈칸을 채우세요.

영단어	우리말	영단어	우리말
1 take a picture	사진을 찍다	14 play board games	보드 게임을 하다
2	연필을 쓰다	15 draw pictures	
3 close the window		16	줄넘기를 하다
4 bring my dog		17	등산을 가다
5 try this on		18	배를 타다
6 painter		19 pick tomatoes	
7	사진사	20 learn about stars	
8	간호사	21 honest	
9	과학자	22 clever	
10	엔지니어	23	용감한
11 look at flowers	꽃을 보다	24	침착한
12 grow plants		25	게으른
13 write stories		•정답은 213쪽에서 확인하세요!	

Unit 116 Things to Wear 입을 것2

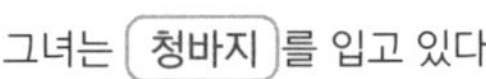

She is wearing [jeans]. 그녀는 [청바지]를 입고 있다.

581 **pants** [pænts] 명 바지

단어 완성하기

		n		

한 쌍을 이루는 단어는 pants, jeans, boots, mittens 등과 같이 복수형으로 써요.

582 **jeans** [dʒi:nz] 명 청바지

단어 완성하기

	e			

583 **earrings** [iriŋz] 명 귀걸이

단어 완성하기

e				i			

584 **boots** [bu:ts] 명 부츠

단어 찾기

boats boots bouts

585 **mittens** [mitnz] 명 (벙어리) 장갑

단어 찾기

mitens	mittens
mittans	mettins

단어에 알맞은 우리말을 고르세요.

earrings	□ 목걸이	□ 귀걸이
boots	□ 부츠	□ 청바지
pants	□ 바지	□ 부츠

Quiz 빈칸을 채우세요.

She is wearing [ ]. 그녀는 [(벙어리) 장갑]을 끼고 있다.

Unit 117 Sports Items 스포츠 용품

I have a bat. 나는 야구 방망이가 있다.

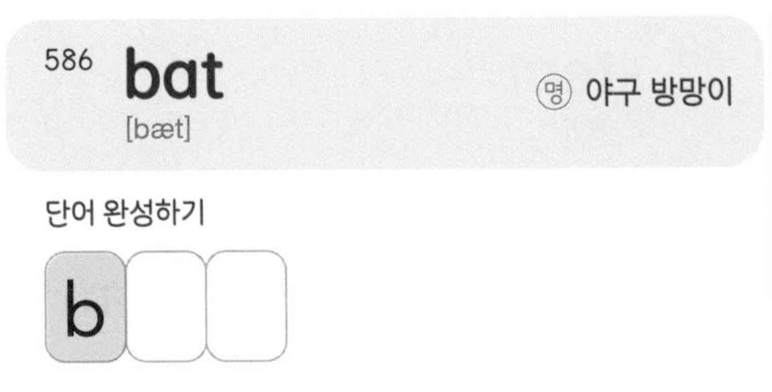

586 **bat** [bæt] ⓜ 야구 방망이

단어 완성하기

b _ _

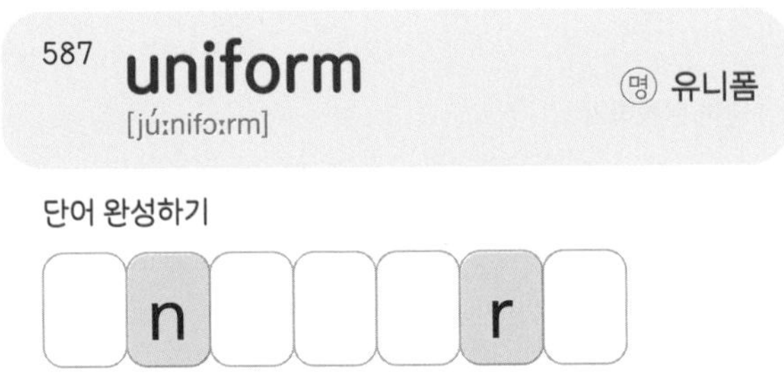

587 **uniform** [júːnifɔːrm] ⓜ 유니폼

단어 완성하기

_ n _ _ _ r _

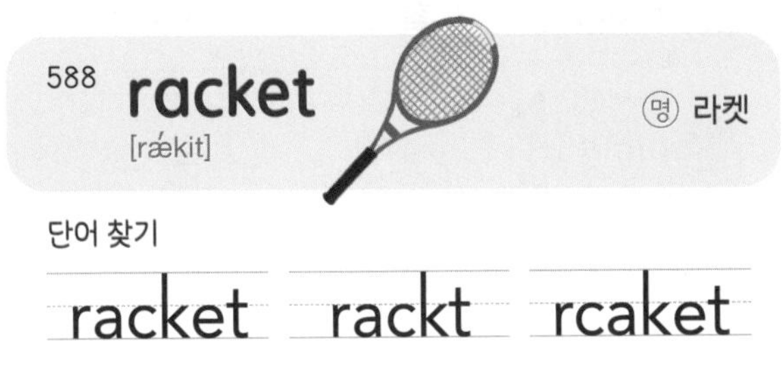

588 **racket** [rǽkit] ⓜ 라켓

단어 찾기

racket　rackt　rcaket

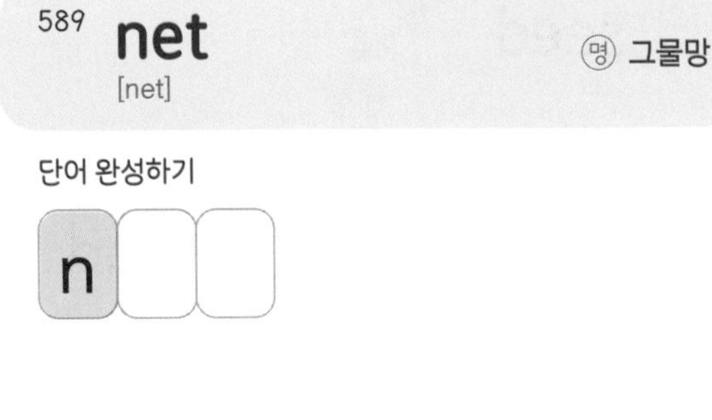

589 **net** [net] ⓜ 그물망

단어 완성하기

n _ _

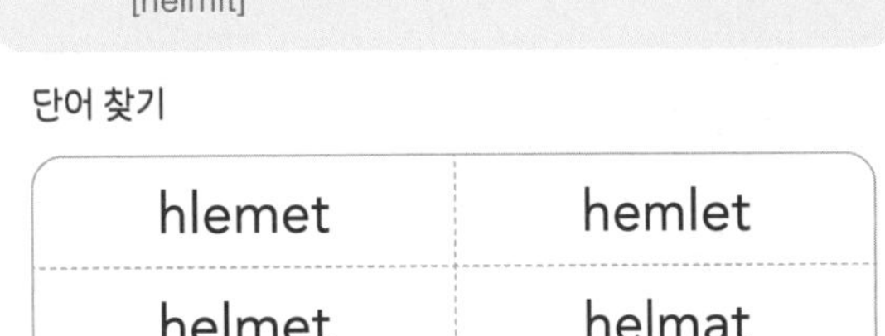

590 **helmet** [hélmit] ⓜ 헬멧

단어 찾기

hlemet	hemlet
helmet	helmat

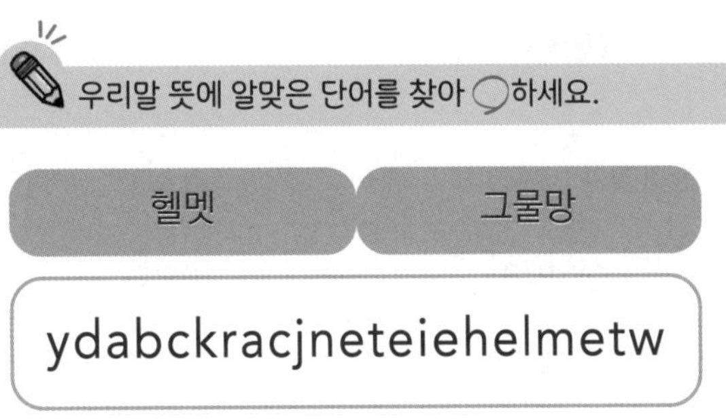

우리말 뜻에 알맞은 단어를 찾아 ○하세요.

헬멧　그물망

ydabckracjneteiehelmetw

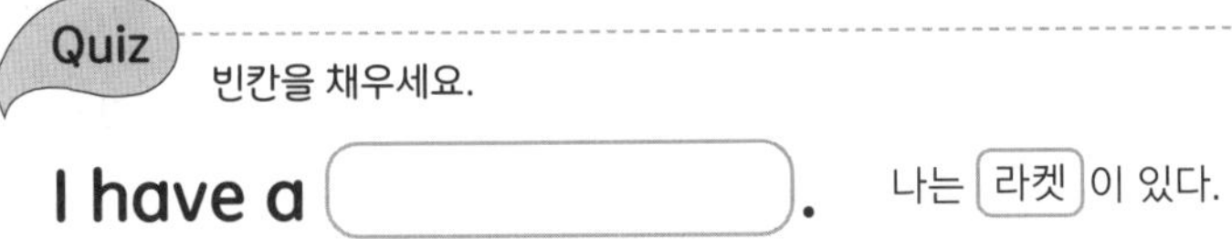

Quiz 빈칸을 채우세요.

I have a ________. 나는 라켓이 있다.

Plants 식물

This is a seed. 이것은 씨앗이다.

591 **seed** [si:d] 명 씨앗

단어 찾기

sead saed seed

594 **stem** [stem] 명 줄기

단어 찾기

stem stam steam

592 **root** [rut] 명 뿌리

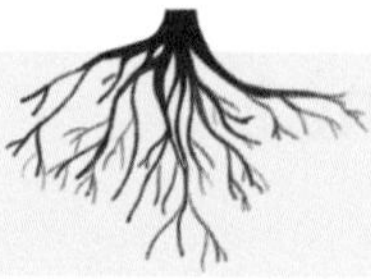

단어 완성하기

□ o □ □

595 **sprout** [spraut] 명 새싹

단어 완성하기

□ □ □ o □ □

593 **leaf** [li:f] 명 잎

단어 찾기

leaf	laef
leef	leap

단어에 알맞은 우리말을 고르세요.

root	□ 줄기	□ 뿌리
sprout	□ 새싹	□ 잎
seed	□ 새싹	□ 씨앗

Quiz 빈칸을 채우세요.

This is a ______. 이것은 줄기이다.

Unit
119
Subjects 과목2
I don't like art. 나는 미술을 좋아하지 않는다.

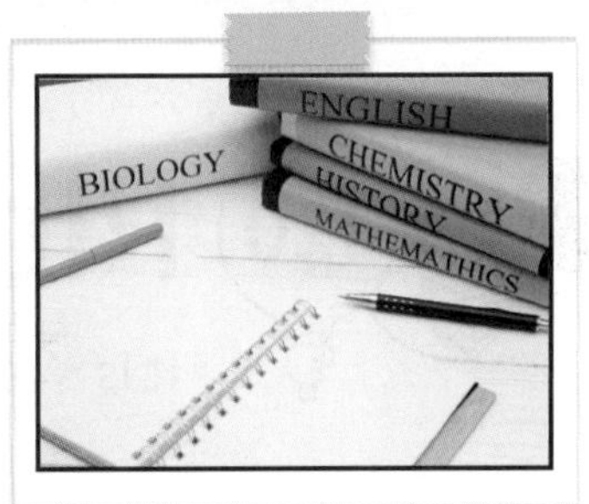

596 **art** ⓜ 미술
[ɑːt]

단어 완성하기

[ ] [r] [ ]

597 **history** ⓜ 역사
[hístəri]

단어 찾기

history histroy hsitory

598 **music** ⓜ 음악
[mjúːzik]

단어 완성하기

[m] [ ] [s] [ ] [ ]

599 **social studies** ⓜ 사회
[sóuʃl stʌ́diz]

단어 찾기

socail studies

social studies

600 **subject** ⓜ 과목
[sʌ́bdʒikt]

단어 완성하기

[ ] [ ] [b] [ ] [ ] [ ] [t]

우리말 뜻에 알맞은 단어를 찾아 ○하세요.

역사	과목

bcmsubjecthinhistoryied

Quiz 빈칸을 채우세요.

I don't like [ ]. 나는 음악을 좋아하지 않는다.

Planets 행성

It is [Venus]. 그것은 [금성]이다.

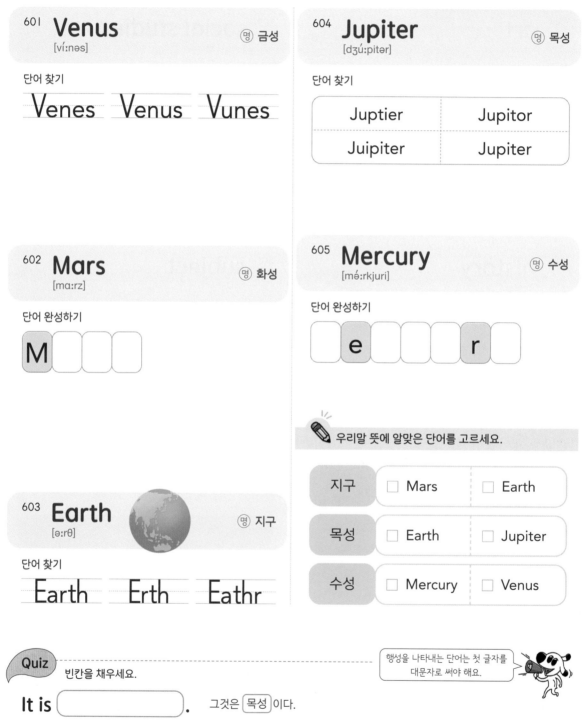

601 **Venus** [ví:nəs] ⓜ 금성

단어 찾기

Venes Venus Vunes

602 **Mars** [mɑ:rz] ⓜ 화성

단어 완성하기

M			

603 **Earth** [ə:rθ] ⓜ 지구

단어 찾기

Earth Erth Eathr

604 **Jupiter** [dʒú:pitər] ⓜ 목성

단어 찾기

Juptier	Jupitor
Juipiter	Jupiter

605 **Mercury** [mə́:rkjuri] ⓜ 수성

단어 완성하기

	e				r	

우리말 뜻에 알맞은 단어를 고르세요.

지구	□ Mars	□ Earth
목성	□ Earth	□ Jupiter
수성	□ Mercury	□ Venus

Quiz 빈칸을 채우세요.

It is [ ]. 그것은 [목성]이다.

행성을 나타내는 단어는 첫 글자를 대문자로 써야 해요.

도전! 영단어 테스트 Units 116~120

맞힌 개수: /25

★ 빈칸을 채우세요.

	영단어	우리말		영단어	우리말
1	jeans	청바지	14	stem	줄기
2		바지	15	sprout	
3	earrings		16	art	
4	mittens		17		역사
5		부츠	18		사회
6	bat		19		음악
7		유니폼	20	subject	
8		헬멧	21	Venus	
9		라켓	22	Earth	
10	net		23		화성
11	seed		24		목성
12		뿌리	25	Mercury	
13		잎			

•정답은 213쪽에서 확인하세요!

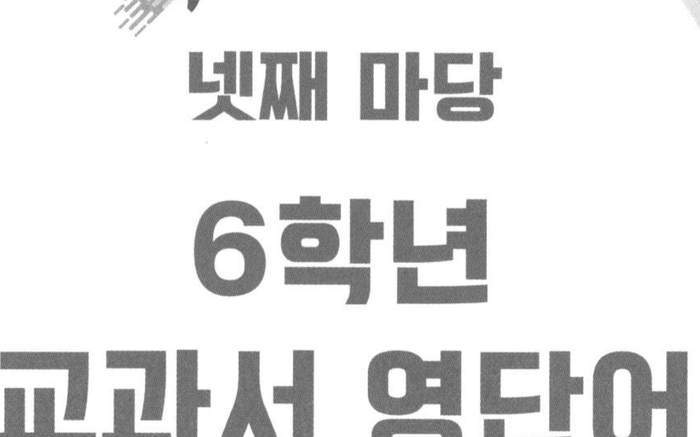

넷째 마당

6학년 교과서 영단어

주제별로 알아보는 6학년 영단어

Numbers 순서 수1

I'm in the first grade. 나는 일 학년이다.

606 **first** [fə:rst] 형 첫 번째의

단어 완성하기

f		r		

우리말로 1학년은 '일'학년이라고 말하지만 영어로는 'first grade(첫 번째 학년)'이라고 해요.

607 **second** [sékənd] 형 두 번째의

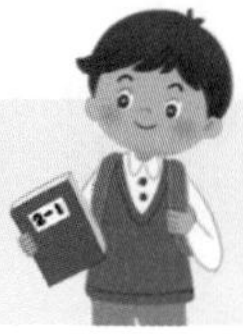

단어 찾기

secomd	second
socend	secend

608 **third** [θə:rd] 형 세 번째의

단어 찾기

thirid thrid third

609 **fourth** [fɔ:rθ] 형 네 번째의

단어 완성하기

	o			t	

610 **fifth** [fifθ] 형 다섯 번째의

단어 찾기

fifeth	fitfh
fifth	fitfth

교과 표현 학년을 묻고 답하기

A What grade are you in?
몇 학년이니?

B I'm in the first grade.
나는 1학년이야.

Quiz 빈칸을 채우세요.

'학년'을 말할 때는 순서를 나타내는 수를 써요.

I'm in the ______ grade. 나는 사 학년이다.

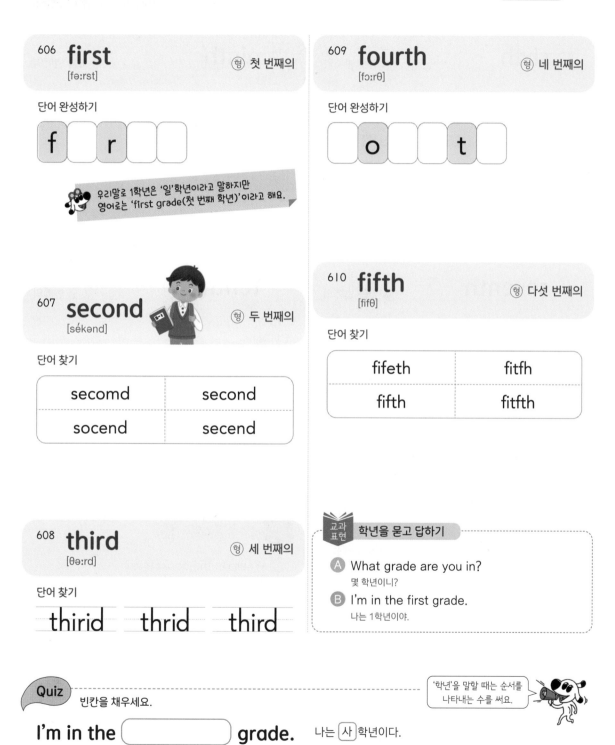

Unit
122
Numbers 순서 수2
It's on the sixth floor. 그것은 육층에 있다.

611 **sixth** [siksθ] ⓗ 여섯 번째의

단어 찾기

sixth sixeth sxith

'층'을 말할 때도 순서를 나타내는 수를 써요. 6층은 여섯 번째 층이니까 sixth floor.

612 **seventh** [sevnθ] ⓗ 일곱 번째의

단어 완성하기

s _ _ _ n _ _

613 **eighth** [eitθ] ⓗ 여덟 번째의

단어 찾기

eithgh eighth eights

614 **ninth** [nainθ] ⓗ 아홉 번째의

단어 완성하기

n _ _ t _

615 **tenth** [tenθ] ⓗ 열 번째의

단어 찾기

tent	tengh
tanth	tenth

교과표현 층수를 묻고 답하기

Ⓐ Where is the bookstore?
서점은 어디에 있나요?

Ⓑ It's on the sixth floor.
6층에 있어요.

Quiz 빈칸을 채우세요.

It's on the ______ floor. 그것은 구층에 있다.

Unit 123 Price 가격

They are one thousand won.

그것들은 천 원이다.

616 **hundred** [hʌ́ndrəd] ⓜ 100(백)

단어 찾기

hundred hudred
hunred

617 **thousand** [θáuznd] ⓜ 1,000(천)

단어 찾기

thounsand	thousand
thonsand	thousend

618 **ten thousand** [ten θáuznd] 10,000(만)

단어 완성하기

t _ _ thousand

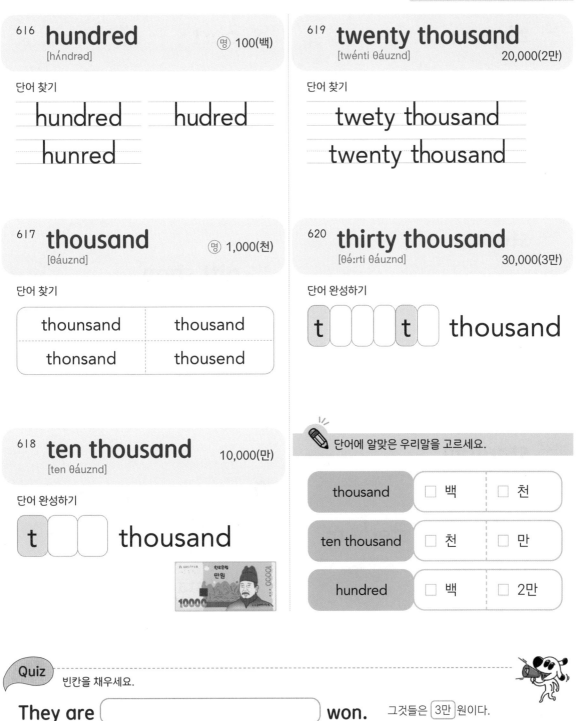

619 **twenty thousand** [twénti θáuznd] 20,000(2만)

단어 찾기

twety thousand
twenty thousand

620 **thirty thousand** [θə́:rti θáuznd] 30,000(3만)

단어 완성하기

t _ _ _ t _ thousand

단어에 알맞은 우리말을 고르세요.

thousand	□ 백	□ 천
ten thousand	□ 천	□ 만
hundred	□ 백	□ 2만

Quiz 빈칸을 채우세요.

They are ________ won. 그것들은 3만 원이다.

Places 장소5

I'm going to the airport.

나는 공항에 갈 것이다.

621 **airport** [érpɔːrt] 명 공항

단어 찾기

airprot　airport
ariport

622 **station** [stéiʃn] 명 역, 정류장

단어 찾기

staition	stetion
station	staiton

623 **stadium** [stéidiəm] 명 경기장

단어 찾기

stadium　stedium
staduim

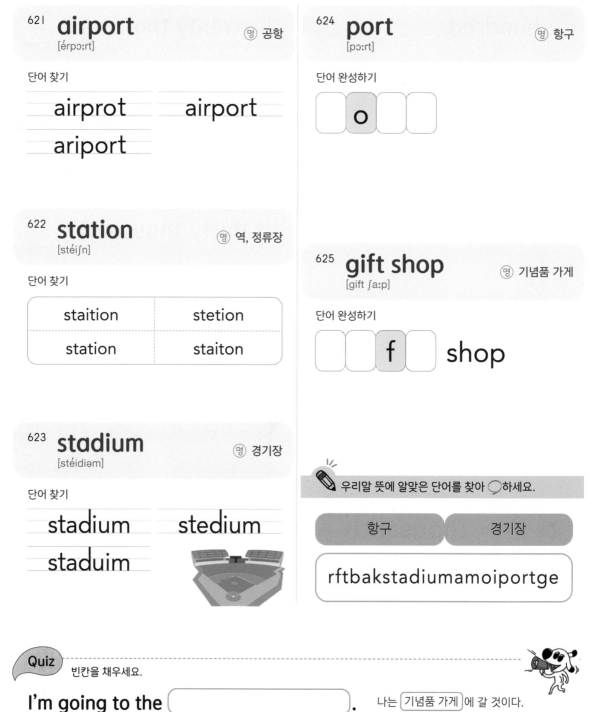

624 **port** [pɔːrt] 명 항구

단어 완성하기

□ o □ □

625 **gift shop** [gift ʃaːp] 명 기념품 가게

단어 완성하기

□ □ f □ shop

우리말 뜻에 알맞은 단어를 찾아 ○하세요.

항구　경기장

rftbakstadiumamoiportge

Quiz 빈칸을 채우세요.

I'm going to the ____________. 나는 기념품 가게에 갈 것이다.

Unit
125
Opposites
반의어2
Don't push. 밀지 마.

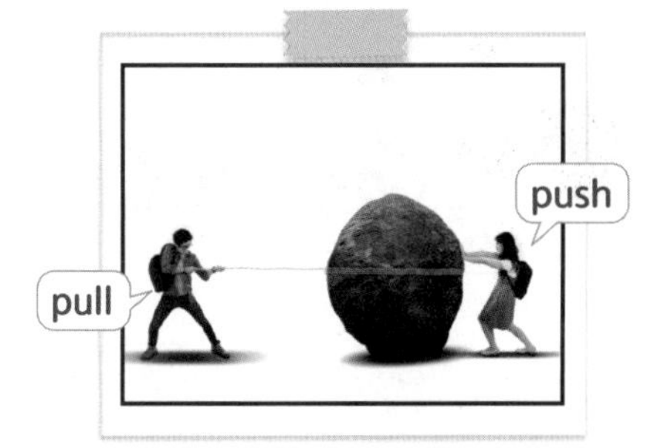

626 **push** [puʃ] 동 밀다

단어 찾기

push putsh puch

627 **pull** [pul] 동 당기다

단어 완성하기

p _ _ _

628 **buy** [bai] 동 사다

단어 찾기

buy bey bye

629 **sell** [sel] 동 팔다

단어 완성하기

_ e _ _

630 **start** [stɑ:rt] 동 시작하다

단어 찾기

stat	strart
strat	start

631 **stop** [stɑ:p] 동 멈추다

단어 찾기

steap	step
stop	stap

Quiz 빈칸을 채우세요.

Don't ______. 멈추지 마.

도전! 영단어 테스트 Units 121~125

맞힌 개수: /26

★ 빈칸을 채우세요.

영단어	우리말	영단어	우리말
1 first	첫 번째의	14 twenty thousand	20,000(2만)
2	두 번째의	15 thirty thousand	
3 third		16	공항
4 fourth		17	역, 정류장
5	다섯 번째의	18	경기장
6 sixth		19 port	
7	일곱 번째의	20 gift shop	
8	여덟 번째의	21 pull	
9	아홉 번째의	22 push	
10 tenth		23	사다
11 hundred		24	팔다
12	1,000(천)	25	시작하다
13	10,000(만)	26 stop	

•정답은 214쪽에서 확인하세요!

Unit 126 Special Events 행사1

When is the field trip? 현장 학습은 언제니?

632 **field trip** [fi:ld trip] 명 현장 학습

단어 찾기

field trip | filed trip

633 **Children's Day** [tʃíldrəns dei] 명 어린이날

단어 찾기

Childrn's Day	Chilrden's Day
Children's Day	Childran's Day

'어린이날은 언제니?'라고 말하고 싶을 때는 the 없이 When is Children's Day?라고 해요.

634 **school fair** [sku:l fer] 학교 축제

단어 완성하기

school f□□□

635 **dance contest** [dǽns kάntest] 댄스 경연

단어 찾기

dance contest

dance contast

636 **club festival** [klʌb féstivl] 동아리 축제

단어 완성하기

club f□□□□□□□

단어에 알맞은 우리말을 고르세요.

Children's Day	□ 현장 학습 □ 어린이날
field trip	□ 현장 학습 □ 댄스 경연
school fair	□ 학교 축제 □ 댄스 경연

Quiz 빈칸을 채우세요.

When is the ______? 댄스 경연은 언제니?

Unit 127 Reading 읽기

I'm reading a novel. 나는 소설을 읽고 있다.

637 **novel** [nά:vl] 명 소설

단어 완성하기

n _ _ _ l

638 **cartoon** [kɑ:rtú:n] 명 만화

단어 완성하기

_ a _ t _ _ _

639 **mystery** [místəri] 명 추리소설

단어 찾기

mystrey mystary mystery

640 **email** [í:meil] 명 이메일

단어 완성하기

_ m _ _ _

email의 첫 소리는 모음이기 때문에 앞에 an을 써야해요. I'm reading an email.

641 **diary** [dáiəri] 명 일기

단어 찾기

diary dairy diray

교과표현 현재 하고 있는 일을 묻고 답하기

A What are you doing?
뭐하고 있니?

B I'm reading a novel.
소설을 읽고 있어.

Quiz 빈칸을 채우세요.

I'm reading a ______. 나는 추리소설을 읽고 있다.

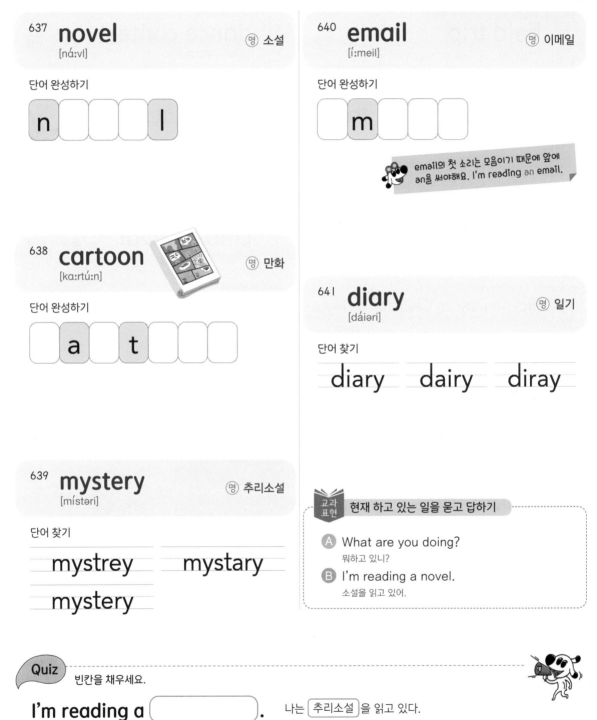

Food 음식4

I'd like to have beef curry.

나는 소고기 카레를 먹고 싶다.

642 **beef curry** 소고기 카레
[biːf kəri]

단어 찾기

beaf curry | beef curry

645 **hot dog** 명 핫도그
[hat dɔːg]

단어 찾기

hit dog | hot dog

hot dog를 먹고 싶다고 말할 때는 a를 써서 I'd like to have a hot dog.라고 해요.

643 **vegetable pizza** 채소 피자
[védʒtəbl piːtsə]

단어 완성하기

v _ _ _ t _ _ _ _ pizza

646 **French fries** 명 감자 튀김
[fréntʃ fraiz]

단어 완성하기

_ r _ _ _ h fries

644 **egg sandwich** 달걀 샌드위치
[eg sǽnwitʃ]

단어 찾기

egg sandwitch	egg sandwish
egg sendwich	egg sandwich

egg sandwich는 첫 소리가 모음 e로 시작하니까 단어 앞에 an을 써서 I'd like to have an egg sandwich. 라고 하면 돼요.

단어에 알맞은 우리말을 고르세요.

vegetable pizza

☐ 소고기 카레 ☐ 채소 피자

egg sandwich

☐ 달걀 샌드위치 ☐ 감자 튀김

Quiz 빈칸을 채우세요.

I'd like to have ________. 나는 감자 튀김을 먹고 싶다.

Unit 129 Free Time 쉬는 시간

I play games in my free time.

나는 쉬는 시간에 게임(들)을 한다.

647 **play games** 게임(들)을 하다

표현 찾기

play games

paly games

648 **walk my dog** 내 개를 산책시키다

표현 완성하기

w ☐ ☐ ☐ my dog

649 **bake bread** 빵을 굽다

표현 완성하기

b ☐ ☐ ☐ bread

650 **dance to music** 음악에 맞춰 춤추다

표현 찾기

dence to music

dance to music

651 **fly a kite** 연을 날리다

표현 완성하기

fly a k ☐ ☐ ☐

표현에 알맞은 우리말을 고르세요.

bake bread	☐ 내 개를 산책시키다 ☐ 빵을 굽다
fly a kite	☐ 음악에 맞춰 춤추다 ☐ 연을 날리다

Quiz 빈칸을 채우세요.

I ________ in my free time. 나는 쉬는 시간에 음악에 맞춰 춤춘다.

Unit 130 Multiple Meanings 여러 의미3

652 wave [weiv]

명 파도 동 손을 흔들다

단어 찾기

wave　weve　wabe

'손을 흔들다'의 의미일 때
You wave your hand.
(너는 너의 손을 흔든다.)

653 swing [swiŋ]

명 그네 동 흔들리다

단어 완성하기

	w			

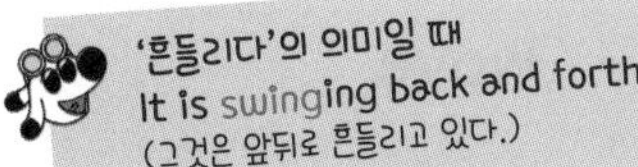

'흔들리다'의 의미일 때
It is swinging back and forth.
(그것은 앞뒤로 흔들리고 있다.)

654 dress [dres]

명 옷 동 옷을 입다

단어 찾기

drass　drece　dress

'옷을 입다'의 의미일 때
We dress up.
(우리는 옷을 입는다.)

655 ring [riŋ]

명 반지 동 울리다

단어 찾기

rinq	ring
ling	rint

'울리다'의 의미일 때
The bell is ringing.
(벨이 울리고 있다.)

656 break [breik]

명 쉬는 시간 동 깨다

단어 완성하기

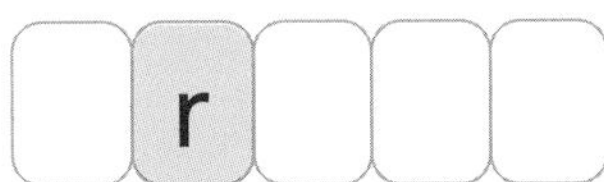

	r			

'깨다'의 의미일 때
They break the window.
(그들은 유리창을 깬다.)

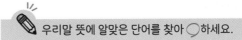

우리말 뜻에 알맞은 단어를 찾아 ◯하세요.

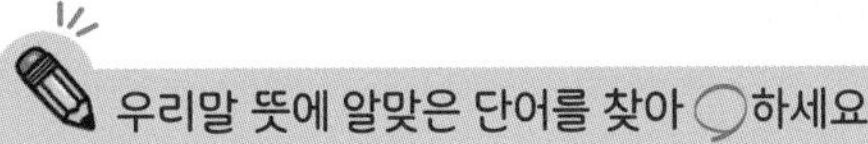

파도	울리다

sebckringemwaveteakn

도전! 영단어 테스트 Units 126~130

맞힌 개수: /25

★ 빈칸을 채우세요.

영단어	우리말	영단어	우리말
1 club festival	동아리 축제	14 hot dog	핫도그
2	어린이날	15 beef curry	
3 field trip		16 walk my dog	
4 school fair		17	연을 날리다
5 dance contest		18	음악에 맞춰 춤추다
6 novel		19	빵을 굽다
7	만화	20	게임(들)을 하다
8	이메일	21 wave	
9 mystery		22 dress	
10 diary		23	쉬는 시간, 깨다
11 French fries		24	반지, 울리다
12	채소 피자	25	그네, 흔들리다
13	달걀 샌드위치		

21~22번은 두 가지 우리말 뜻을 모두 써 보세요.

•정답은 214쪽에서 확인하세요!

Materials 재료

Is this plastic? 이것은 플라스틱이니?

657 **glass** [glæs] 명 유리

단어 찾기

glass glad glase

658 **plastic** [plǽstik] 명 플라스틱

단어 완성하기

p		a				

659 **wood** [wud] 명 나무

단어 찾기

woud wood wodo

660 **stone** [stoun] 명 돌

단어 찾기

stoen	ston
stone	steno

661 **metal** [metl] 명 금속

단어 완성하기

	e			

단어에 알맞은 우리말을 고르세요.

wood	□ 나무	□ 금속
plastic	□ 유리	□ 플라스틱
metal	□ 돌	□ 금속

Quiz 빈칸을 채우세요.

Is this ______? 이것은 유리니?

Position 위치2

It's behind a bookstore.

그것은 서점 뒤에 있다.

662 **behind** [biháind] 전 ~뒤에

단어 찾기

behnid behind bahind

663 **between** [bitwí:n] 전 ~사이에

단어 완성하기

b			w			

사물이나 건물 등의 사이를 나타낼 때 <between A and B>로 써요.
It's between the school and the store.
(그것은 학교와 가게 사이에 있다.)

664 **beside** [bisáid] 전 ~옆에

단어 완성하기

b			i		

665 **around** [əráund] 전 ~주위에

단어 찾기

araund	aruond
around	aroud

666 **across from** [əkrɔ́:s frʌm] ~맞은편에

단어 찾기

acros from across from

교과 표현 장소의 위치를 묻고 답하기

A Where is the store?
가게는 어디에 있니?

B It's between the bank and the school.
은행과 학교 사이에 있어.

Quiz 빈칸을 채우세요.

It's ______ a bookstore. 그것은 서점 맞은편에 있다.

Unit 133 Jobs 직업4

I'll be a traveler. 나는 여행가가 될 것이다.

667 **traveler** [trǽvələr] 명 여행가

단어 완성하기

	r			l		

668 **comedian** [kəmíːdiən] 명 코미디언

단어 완성하기

	o			d			

669 **fashion designer** [fǽʃn dizáinər] 명 패션 디자이너

단어 찾기

fashion desiner

fashion designer

670 **zookeeper** [zúːkiːpər] 명 동물원 사육사

단어 완성하기

	o		keeper

671 **pilot** [páilət] 명 조종사

단어 찾기

pilot piolt poilt

우리말 뜻에 알맞은 단어를 찾아 ◯하세요.

조종사	여행가

ghebckpilothztravelerakn

Quiz 빈칸을 채우세요.

I'll be a ______. 나는 동물원 사육사가 될 것이다.

Action 동작4

Clap like this. 이렇게 박수 쳐라.

672 **clap** [klæp] 동 박수를 치다

단어 찾기

clap clep clape

673 **nod** [nɑ:d] 동 고개를 끄덕이다

단어 완성하기

[ ] [o] [ ]

674 **shake** [ʃeik] 동 흔들다

단어 찾기

shaik	shak
sheke	shake

675 **bow** [bau] 동 고개를 숙이다

단어 완성하기

[ ] [ ] [w]

676 **scratch** [skrætʃ] 동 긁다

단어 찾기

scrach scratsh scratch

단어에 알맞은 우리말을 고르세요.

nod	☐ 긁다 ☐ 고개를 끄덕이다
clap	☐ 고개를 숙이다 ☐ 박수를 치다
scratch	☐ 긁다 ☐ 흔들다

Quiz 빈칸을 채우세요.

[ ] like this. 이렇게 흔들어라.

like this는 '이와 같이, 이렇게'라는 뜻이에요.

Home Devices 가전

You can use the refrigerator.

너는 냉장고를 써도 돼.

677 **refrigerator** ⑬ 냉장고
[rifrídʒəreitər]

단어 찾기

refrigerater refrigerator

678 **vacuum cleaner** ⑬ 청소기
[vǽkjuəm kli:nər]

단어 찾기

vaccum cleaner

vacuum cleaner

679 **air conditioner** ⑬ 에어컨
[er kəndíʃənər]

단어 완성하기

air

c _ _ _ _ _ _ _ e _

680 **washing machine** ⑬ 세탁기
[wá:ʃiŋ məʃí:n]

단어 완성하기

washing

m _ _ h _ _ _

681 **microwave oven** ⑬ 전자레인지
[máikrəweiv ʌ́vn]

단어 완성하기

microwave o _ _ n

단어에 알맞은 우리말을 고르세요.

vacuum cleaner

☐ 냉장고 ☐ 청소기

washing machine

☐ 세탁기 ☐ 전자레인지

Quiz 빈칸을 채우세요.

You can use the ________. 너는 에어컨을 써도 돼.

도전! 영단어 테스트 Units 131~135

맞힌 개수: /25

★ 빈칸을 채우세요.

영단어	우리말	영단어	우리말
1 glass	유리	14 pilot	조종사
2	플라스틱	15 zookeeper	
3 wood		16 clap	
4 stone		17	긁다
5	금속	18	고개를 끄덕이다
6 behind		19	흔들다
7 beside		20 bow	
8 between		21 air conditioner	
9	~주위에	22 microwave oven	
10 across from		23	냉장고
11 comedian		24	청소기
12	여행가	25	세탁기
13	패션 디자이너		

•정답은 214쪽에서 확인하세요!

Unit 136 Action 동작5

I'd like to order. 나는 주문하고 싶다.

682 **order** [ɔ́ːrdər] ⓢ 주문하다

단어 찾기

order oredr ordor

683 **call** [kɔːl] ⓢ 전화하다

단어 완성하기

□ a □ □

684 **stay inside** 안에 머무르다

표현 완성하기

s □ □ □ i □ □ □ □ □

685 **play outside** 밖에서 놀다

표현 찾기

play ouside

play outside

686 **send a message** 문자를 보내다

표현 찾기

send a messege	send a mesage
send a message	send a massage

단어에 알맞은 우리말을 고르세요.

call

□ 전화하다 □ 주문하다

stay inside

□ 밖에서 놀다 □ 안에 머무르다

Quiz 빈칸을 채우세요.

I'd like to ________. 나는 밖에서 놀고 싶다.

Nation 국가

Do you know any Spanish songs?

너는 스페인의 노래를 좀 아니?

687 **Spanish** [spǽniʃ] ⓗ 스페인의

단어 완성하기

S				i		

cf. Spain ⓜ 스페인

688 **Chinese** [tʃainíːz] ⓗ 중국의

단어 완성하기

C		i				

cf. China ⓜ 중국

689 **French** [fréntʃ] ⓗ 프랑스의

단어 찾기

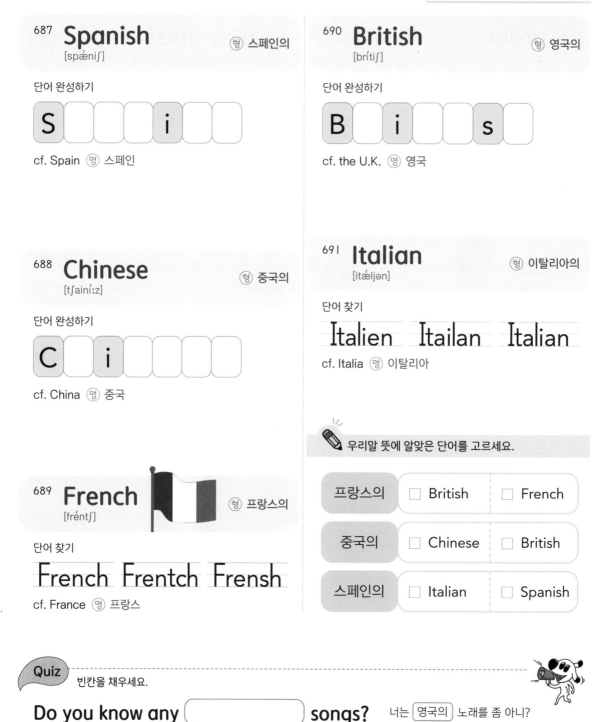

French Frentch Frensh

cf. France ⓜ 프랑스

690 **British** [brítiʃ] ⓗ 영국의

단어 완성하기

B		i			s	

cf. the U.K. ⓜ 영국

691 **Italian** [itǽljən] ⓗ 이탈리아의

단어 찾기

Italien Itailan Italian

cf. Italia ⓜ 이탈리아

우리말 뜻에 알맞은 단어를 고르세요.

프랑스의	☐ British	☐ French
중국의	☐ Chinese	☐ British
스페인의	☐ Italian	☐ Spanish

Quiz 빈칸을 채우세요.

Do you know any ( ) songs? 너는 영국의 노래를 좀 아니?

Unit 138 Illnesses 질병

I have a headache. 나는 두통이 있다.

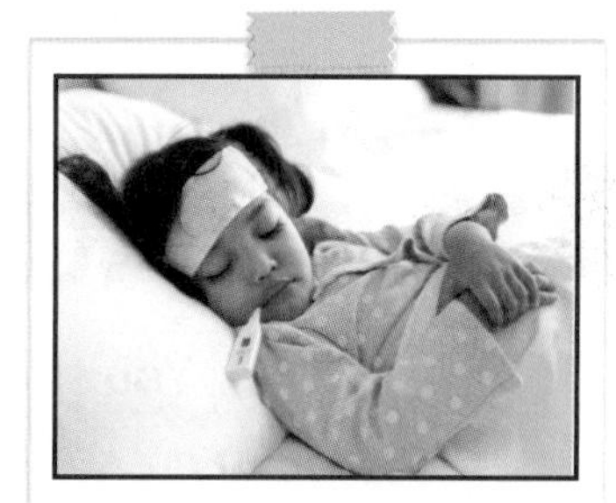

692 **headache** [hédeik] 명 두통

단어 찾기

headache　headach

693 **stomachache** [stʌ́məkeik] 명 복통

단어 완성하기

	t			a			a			

694 **toothache** [tú:θeik] 명 치통

단어 찾기

toothche	toochache
toothach	toothache

695 **cough** [kɔ:f] 명 기침

단어 완성하기

	o			

696 **runny nose** [rʌni nouz] 명 콧물

단어 찾기

runny nose

running nose

cf. runny 형 콧물이 흐르는

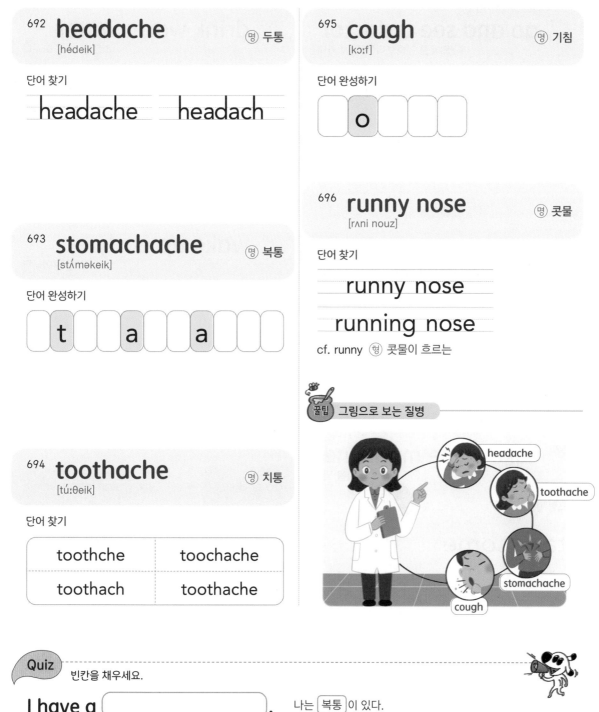

꿀팁 그림으로 보는 질병

Quiz 빈칸을 채우세요.

I have a ______. 나는 복통이 있다.

Advice 조언1

You should [go and see a doctor].

너는 [의사를 만나보는] 것이 좋겠다.

697 **go and see a doctor** 의사를 만나보다(병원에 가다)

표현 완성하기

go and see a

d □ □ □ □ □

698 **get some rest** 쉬다

표현 완성하기

get some □ □ □ □

699 **take some medicine** 약을 먹다

표현 완성하기

take some

□ □ □ □ □ i □ e

700 **drink warm water** 따뜻한 물을 마시다

표현 찾기

drink werm water

drink warm water

701 **wake up early** 일찍 일어나다

표현 완성하기

wake up □ □ r □ □

어울리는 짝을 찾아 연결하세요.

go and see •	• some medicine
take •	• a doctor
get •	• some rest

Quiz 빈칸을 채우세요.

You should [ ]. 너는 [따뜻한 물을 마시는] 것이 좋겠다.

Opposites 반의어3

702 **cheap** [tʃiːp] 형 (값이) 싼

단어 찾기

cheep chaep cheap

703 **expensive** [ikspénsiv] 형 (값이) 비싼

단어 완성하기

e		p						

704 **easy** [iːzi] 형 쉬운

단어 찾기

easy eauy esay

705 **difficult** [dífikəlt] 형 어려운

단어 완성하기

d			f				l	

706 **interesting** [íntərestiŋ] 형 재미있는

단어 찾기

intereting	interesting
interasting	intesreting

707 **boring** [bɔːriŋ] 형 지루한

단어 찾기

boreing	broring
boring	borring

도전! 영단어 테스트 Units 136~140

맞힌 개수: /26

★빈칸을 채우세요.

영단어	우리말	영단어	우리말
1 order	주문하다	14 cough	기침
2	전화하다	15 runny nose	
3 play outside		16 go and see a doctor	
4 stay inside		17	쉬다
5	문자를 보내다	18	약을 먹다
6 Spanish		19	따뜻한 물을 마시다
7	중국의	20 wake up early	
8	프랑스의	21 easy	
9	영국의	22 cheap	
10 Italian		23	(값이) 비싼
11 headache		24	어려운
12	복통	25	재미있는
13	치통	26 boring	

•정답은 214쪽에서 확인하세요!

Unit 141 Comparative 비교

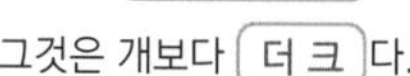

It is bigger than a dog.

그것은 개보다 더 크다.

708 **bigger** [bígər] 형 더 큰

단어 찾기

biger bigger biggor

big → bigger
큰 더 큰

709 **stronger** [strɔ́:ŋər] 형 더 강한

단어 완성하기

s _ _ _ _ g _ _

strong → stronger
강한 더 강한

710 **faster** [fǽstər] 형 더 빠른

단어 완성하기

f _ _ t _ _

fast → faster
빠른 더 빠른

711 **heavier** [héviər] 형 더 무거운

단어 찾기

heavyer heavier
heavior

heavy → heavier
무거운 더 무거운

712 **shorter** [ʃɔ́:rtər] 형 더 짧은

단어 찾기

shroter	shoter
sharter	shorter

short → shorter
짧은 더 짧은

우리말 뜻에 알맞은 단어를 고르세요.

더 빠른	□ faster	□ shorter
더 큰	□ heavier	□ bigger
더 강한	□ stronger	□ shorter

Quiz 빈칸을 채우세요.

It is ________ than a dog. 그것은 개보다 더 무겁다.

Action 동작6

How often do you [wash your car]?

너는 얼마나 자주 [세차하니]?

713 **exercise** [éksərsaiz] ⓢ 운동하다

단어 찾기

execise　exrcise

exercise

714 **upload photos** 사진을 올리다

표현 완성하기

[ ][p][ ][ ][a][ ] photos

715 **eat fast food** 패스트푸드를 먹다

표현 찾기

eat fast food

eat fest food

716 **wash your car** 네 차를 세차하다

표현 완성하기

[w][ ][ ][ ] your [ ][ ][ ]

717 **stay up late** 늦게까지 깨어 있다

표현 완성하기

stay up [l][ ][ ][ ]

교과 표현 어떤 일을 얼마나 자주 하는지를 묻고 답하기

Ⓐ How often do you wash your car?
얼마나 자주 세차하니?

Ⓑ I wash my car twice a week.
일주일에 두 번 세차해.

twice a week는 '일주일에 두 번'이라는 의미예요.

Quiz 빈칸을 채우세요.

How often do you [　　　　]? 너는 얼마나 자주 [운동하니]?

Frequency 빈도2

I exercise twice a week.

나는 일주일에 두 번 운동한다.

718 **once** [wʌns] ㊇ 한 번

단어 찾기

once　onse　onoce

719 **twice** [twais] ㊇ 두 번

단어 완성하기

	w			

720 **three times** [θriː taimz] ㊇ 세 번

단어 찾기

three time	three timse
three times	thrice time

721 **four times** [fɔːr taimz] ㊇ 네 번

단어 찾기

four times

four time

722 **five times** [faiv taimz] ㊇ 다섯 번

단어 완성하기

		v		times

단어에 알맞은 우리말을 고르세요.

once	□ 한 번	□ 두 번
four times	□ 세 번	□ 네 번
twice	□ 다섯 번	□ 두 번

Quiz 빈칸을 채우세요.

I exercise ______ a week. 나는 일주일에 한 번 운동한다.

Environment 환경1

There is serious [air pollution].

심각한 [공기 오염]이 있다.

723 **air pollution** [eər pəlúːʃən] 공기 오염(대기 오염)

표현 찾기

aur pollution

air pollution

724 **noise pollution** [nɔiz pəlúːʃən] 소음 공해

표현 완성하기

n□□□□ pollution

725 **water pollution** [wɔ́ːtər pəlúːʃən] 물 오염(수질 오염)

표현 완성하기

water

p□□l□□□□□

726 **fine dust** [fain dʌst] 미세 먼지

표현 찾기

fine dust　fine dost

727 **global warming** [glóubəl wɔ́ːrmiŋ] 지구 온난화

표현 완성하기

g□□□□□

warming

표현에 알맞은 우리말을 고르세요.

air pollution
- □ 물 오염
- □ 공기 오염

fine dust
- □ 소음 공해
- □ 미세 먼지

Quiz 빈칸을 채우세요.

There is serious [　　　　　]. 심각한 [물 오염]이 있다.

Unit 145 Compounds 합성어2

728 **moonlight** [múːnlait] ⓜ 달빛

단어 찾기

moonlight　monlight

이렇게 외워 봐
moon(달)에서 비치는 light(빛)는?

729 **starfish** [stáːrfiʃ] ⓜ 불가사리

단어 완성하기

s				f			

이렇게 외워 봐
star(별) 모양 fish(물고기)는?

730 **popcorn** [pápkɔːn] ⓜ 팝콘

단어 찾기

popcon　popcorn
poqcorn

이렇게 외워 봐
pop(펑)하고 터지는 corn(옥수수)은?

731 **fishbowl** [fíʃboul] ⓜ 어항

단어 찾기

fishbowl	fichbowl
fishboul	fishbwol

이렇게 외워 봐
fish(물고기)가 들어 있는 bowl(그릇)은?

732 **wheelchair** [wíːltʃer] ⓜ 휠체어

단어 완성하기

w					c				

이렇게 외워 봐
wheel(바퀴)이 달린 chair(의자)는?

단어에 알맞은 우리말을 고르세요.

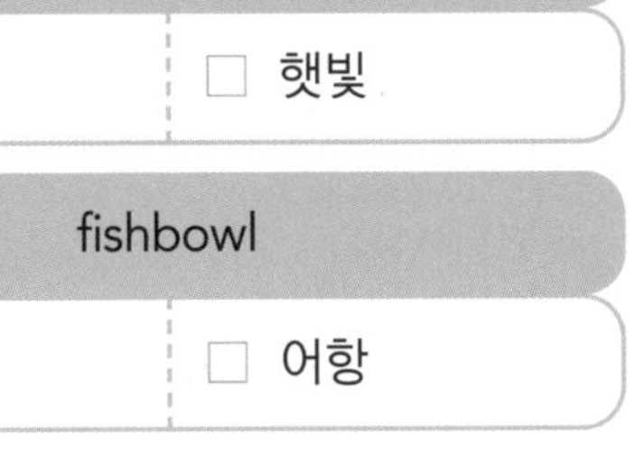

moonlight

☐ 달빛　☐ 햇빛

fishbowl

☐ 어장　☐ 어항

도전! 영단어 테스트 Units 141~145

맞힌 개수: /25

★ 빈칸을 채우세요.

영단어	우리말	영단어	우리말
1 bigger	더 큰	14 four times	네 번
2	더 강한	15 five times	
3 faster		16 air pollution	
4 heavier		17 noise pollution	
5 shorter		18	물 오염(수질 오염)
6 exercise		19 fine dust	
7	패스트푸드를 먹다	20	지구 온난화
8	네 차를 세차하다	21 moonlight	
9 upload photos		22 starfish	
10 stay up late		23	팝콘
11 once		24	어항
12	두 번	25	휠체어
13	세 번		

•정답은 215쪽에서 확인하세요!

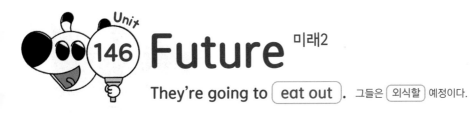

Unit 146 Future 미래2

They're going to [eat out]. 그들은 [외식할] 예정이다.

733 eat out 외식하다

표현 완성하기

[ ] [ ] [t] out

734 take a walk 산책하다

표현 완성하기

[ ] [ ] [k] [ ] a walk

735 have a pet 반려 동물을 키우다

표현 완성하기

have a [ ] [ ] [t]

736 make new friends 새 친구들을 사귀다

표현 완성하기

[ ] [ ] [k] [ ] new friends

737 take a trip 여행하다

표현 찾기

take a trif

take a trip

우리말 뜻에 알맞은 표현을 고르세요.

산책하다	☐ take a walk ☐ take a trip
새 친구들을 사귀다	☐ take new friends ☐ make new friends

Quiz 빈칸을 채우세요.

They're going to [ ]. 그들은 [반려 동물을 키울] 예정이다.

Unit 147 Advice 조언2

Don't forget to [look left and right].

[왼쪽과 오른쪽을 보는 것]을 잊지 마.

738 **look left and right**

왼쪽과 오른쪽을 보다

표현 완성하기

look [l][ ][ ][ ] and

[ ][ ][ ][h][ ]

741 **stay behind the line**

선 뒤에 있다

표현 찾기

stay behind the line

saty behind the line

739 **stop at the red light**

빨간불에 멈추다

표현 완성하기

[s][t][ ][ ] at the

[r][ ][ ] [l][ ][ ][ ][t]

742 **wear your seatbelt**

네 안전벨트를 매다

표현 완성하기

[ ][ ][ ][r]

your seatbelt

740 **use the crosswalk**

횡단보도를 이용하다

표현 완성하기

use the

[c][ ][ ][ ][ ][ ][ ][ ][k]

우리말 뜻에 알맞은 표현을 고르세요.

빨간불에 멈추다	☐ stop at the red light ☐ wear your seatbelt
횡단보도를 이용하다	☐ use the crosswalk ☐ stay behind the line

Quiz 빈칸을 채우세요.

Don't forget to [   ].

[네 안전벨트를 매는 것]을 잊지 마.

Environment 환경2

We should save it. 우리는 그것을 아껴야 한다.

743 **save** [seiv] ⓢ 아끼다

단어 찾기

save sane seva

744 **recycle** [ri:sáikl] ⓢ 재활용하다

단어 완성하기

	e			c		

745 **reuse** [ri:jú:z] ⓢ 재사용하다

단어 찾기

riuse	reuse
reause	reues

746 **turn off** [təːrn ɔːf] 끄다

표현 찾기

turn off turn on

'우리는 그것을 꺼야 한다'라고 할 때는 We should turn it off.라고 써야 해요.

747 **reduce** [ridjú:s] ⓢ 줄이다

단어 완성하기

		d			

단어에 알맞은 우리말을 고르세요.

save	☐ 끄다	☐ 아끼다
reduce	☐ 줄이다	☐ 재활용하다
reuse	☐ 재사용하다	☐ 아끼다

Quiz 빈칸을 채우세요.

We should [ ] it. 우리는 그것을 재활용해야 한다.

Environment 환경3

How about [using the stairs]?

[계단을 이용하는 게] 어때?

748 **clean a park** 공원을 청소하다

표현 찾기

clear a park

clean a park

How about ~?(~하는게 어때?) 뒤에는 <동사 + -ing> 형태가 와요.
How about cleaning a park?
(공원을 청소하는 게 어때?)

749 **pick up trash** 쓰레기를 줍다

표현 완성하기

[ ][ ][c][ ] up trash

750 **use the stairs** 계단을 이용하다

표현 찾기

use the stairs

use the stiars

use나 take처럼 e로 끝나는 동사는 e를 빼고 ing를 붙여요. How about using the stairs?

751 **reuse bottles** 병들을 재사용하다

표현 완성하기

[r][ ][ ][ ][ ] bottles

752 **take a short shower** 짧게 샤워하다

표현 찾기

take a short shower

take an short shower

우리말 뜻에 알맞은 표현을 고르세요.

병들을 재사용하다	☐ use the stairs ☐ reuse bottles
쓰레기를 줍다	☐ pick up trash ☐ clean a park

Quiz 빈칸을 채우세요.

How about [ ]? [짧게 샤워하는 게] 어때?

Special Events 행사2

Will you come to the sports day?

운동회에 와 줄래?

753 birthday party 생일 파티
[bə́:rθdei pá:rti]

단어 완성하기

bithday party

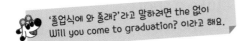

birthday party

754 graduation ⓜ 졸업식
[grædʒuéiʃn]

단어 완성하기

g _ _ d _ _ _ _ _ _

'졸업식에 와 줄래?'라고 말하려면 the 없이
Will you come to graduation? 이라고 해요.

755 talent show ⓜ 장기 자랑 대회
[tǽlənt ʃou]

단어 찾기

talent show

talant show

756 movie festival 영화 축제
[mú:vi féstivl]

단어 찾기

movie fastival	movie festival
movie fesitival	movie festivel

757 sports day ⓜ 운동회
[spɔ:rt dei]

단어 완성하기

s _ _ _ _ _ day

교과표현 부탁하고 답하기

A Will you come to the sports day?
운동회에 와 줄래?

B Sure, I'd love to.
응, 좋아.

Quiz
빈칸을 채우세요.

Will you come to the __________?

장기 자랑 대회에 와 줄래?

도전! 영단어 테스트 Units 146~150

맞힌 개수: /25

★빈칸을 채우세요.

	영단어	우리말		영단어	우리말
1	eat out	외식하다	14	turn off	끄다
2		반려 동물을 키우다	15	reduce	
3	make new friends		16	use the stairs	
4	take a trip		17		병들을 재사용하다
5	take a walk		18		쓰레기를 줍다
6	stay behind the line		19		공원을 청소하다
7		빨간불에 멈추다	20	take a short shower	
8		횡단보도를 이용하다	21	talent show	
9		왼쪽과 오른쪽을 보다	22	movie festival	
10	wear your seatbelt		23		졸업식
11	save		24		운동회
12		재활용하다	25		생일 파티
13		재사용하다			

•정답은 215쪽에서 확인하세요!

Unit
151
Body
신체4
My finger s hurt. 내 손가락 들이 아프다.

758 **finger** [fíŋgər] ⓜ 손가락

단어 찾기

fingor finger finper

759 **toe** [tou] ⓜ 발가락

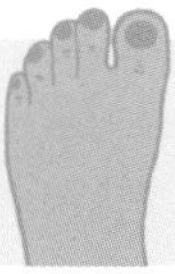

단어 완성하기

[ ] [o] [ ]

hurt는 '아프다'라는 뜻이에요.
My toes hurt.
(내 발가락들이 아프다.)

760 **elbow** [élbou] ⓜ 팔꿈치

단어 찾기

elbew	elbow
eblow	elobw

761 **shoulder** [ʃóuldər] ⓜ 어깨

단어 찾기

shouldor choulder shoulder

762 **knee** [niː] ⓜ 무릎

단어 완성하기

[ ] [ ] [e] [ ]

단어에 알맞은 우리말을 고르세요.

shoulder	□ 어깨	□ 발가락
knee	□ 무릎	□ 손가락
elbow	□ 발가락	□ 팔꿈치

Quiz 빈칸을 채우세요.

My [ ] s hurt. 내 무릎 들이 아프다.

Vegetables 채소2

Chop this pumpkin. 이 호박을 썰어.

763 **pumpkin** [pʌ́mpkin] 명 호박

단어 찾기

pupkin pupmkin
pumpkin

766 **cucumber** [kjúːkʌmbər] 명 오이

단어 찾기

cucumper cucumber
cucember

764 **cabbage** [kǽbidʒ] 명 양배추

단어 완성하기

	a			a		

767 **garlic** [gáːrlik] 명 마늘

단어 완성하기

			l		

765 **spinach** [spínitʃ] 명 시금치

단어 찾기

spinash	spinath
spinach	spainach

단어에 알맞은 단어를 고르세요.

마늘	□ cabbage	□ garlic
양배추	□ cabbage	□ spinach
호박	□ pumpkin	□ cucumber

Quiz 빈칸을 채우세요.

Chop this ______. 이 오이를 썰어.

Figures 도형

Look at the square. 정사각형을 봐.

768 **square** [skwer] ⓜ 정사각형

단어 찾기

squore squere square

771 **rectangle** [réktæŋgl] ⓜ 직사각형

단어 찾기

rectagle retangle

rectangle

769 **triangle** [tráiæŋgl] ⓜ 삼각형

단어 완성하기

	r		a				

772 **oval** [óuvl] ⓜ 타원형

단어 완성하기

		a	

770 **circle** [sə́:rkl] ⓜ 원형

단어 찾기

circle	circel
cirkl	circl

우리말 뜻에 알맞은 단어를 찾아 ◯하세요.

정사각형 원형

ptrgbcirclecursquareeda

Quiz 빈칸을 채우세요.

Look at the ______. 삼각형을 봐.

Opposites 반의어4

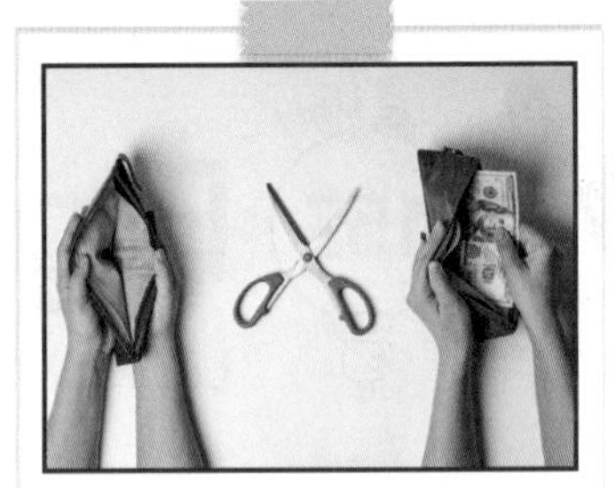

773 **rich** [ritʃ] 형 부자인

단어 찾기

rich rish rach

776 **straight** [streit] 형 곧은

단어 완성하기

			a				

774 **poor** [pɔːr] 형 가난한

단어 완성하기

	o		

777 **noisy** [nɔizi] 형 시끄러운

단어 찾기

noise nosy noisy

775 **curly** [kəːrli] 형 곱슬곱슬한

단어 완성하기

		r		

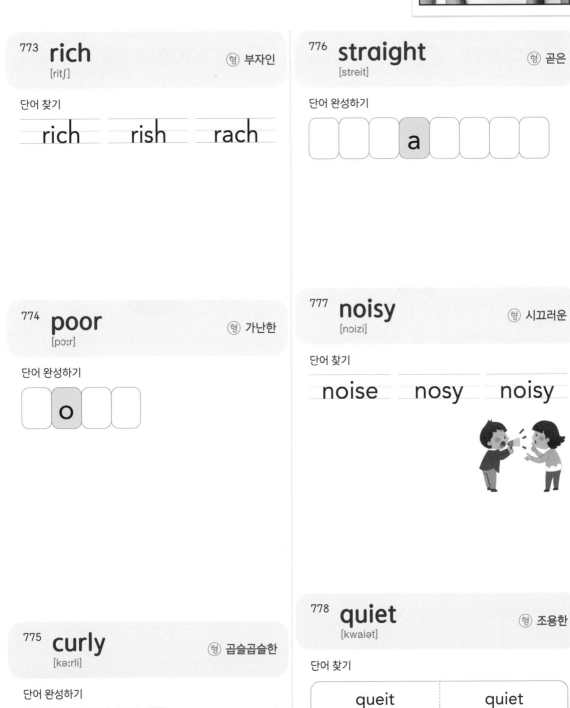

778 **quiet** [kwaiət] 형 조용한

단어 찾기

queit	quiet
quite	qeuit

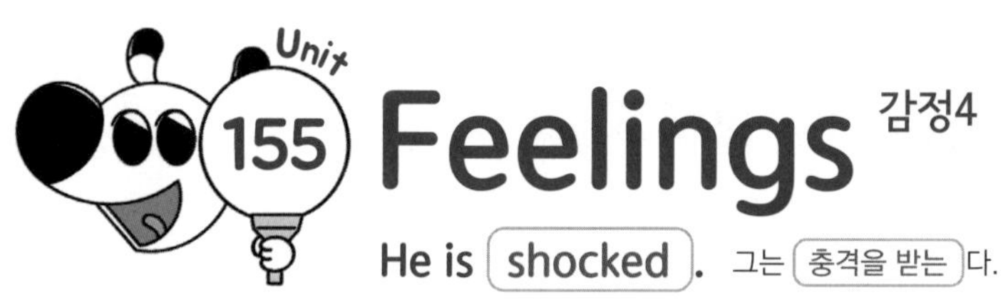

He is [shocked]. 그는 [충격을 받는]다.

779 **shocked** [ʃɑːkt] ⓗ 충격을 받은

단어 찾기

shocked shoked
shorked

782 **friendly** [fréndli] ⓗ 다정한

단어 찾기

frendly freindly
friendly

780 **nervous** [nə́ːrvəs] ⓗ 긴장한

단어 완성하기

	e			o		

783 **serious** [síriəs] ⓗ 진지한

단어 완성하기

		r				

781 **upset** [ʌ́pset] ⓗ 화가 난

단어 찾기

upsot	ubset
upset	upsect

우리말 뜻에 알맞은 단어를 고르세요.

화가 난	□ upset	□ serious
다정한	□ shocked	□ friendly
긴장한	□ nervous	□ serious

Quiz 빈칸을 채우세요.

He is [   ]. 그는 [진지하]다.

도전! 영단어 테스트 Units 151~155

맞힌 개수: /26

★ 빈칸을 채우세요.

영단어	우리말	영단어	우리말
1 finger	손가락	14 triangle	삼각형
2	발가락	15	타원형
3 elbow		16	부자인
4 shoulder		17 poor	
5	무릎	18	곧은
6	호박	19 curly	
7	양배추	20 noisy	
8 spinach		21	조용한
9 cucumber		22 shocked	
10	마늘	23 upset	
11	정사각형	24	긴장한
12 circle		25	다정한
13 rectangle		26	진지한

•정답은 215쪽에서 확인하세요!

Unit 156 Insects 곤충

There are many ladybugs. 많은 무당벌레가 있다.

Units 156~159

784 **ladybug** [léidibʌg] 명 무당벌레

단어 찾기

ladybug ladebug
ladyberg

787 **butterfly** [bʌ́tərflai] 명 나비

단어 찾기

buterfly buttefly
butterfly

butterfly의 복수형은 butterflies로 써요.

785 **mosquito** [məskí:təu] 명 모기

단어 완성하기

	o		q				

mosquito의 복수형은 mosquitoes로 써요.

788 **grasshopper** [grǽshɑ:pər] 명 메뚜기

단어 완성하기

		a			h			p		

786 **moth** [mɔ:θ] 명 나방

단어 찾기

motch	moth
mouth	month

우리말 뜻에 알맞은 단어를 찾아 ◯하세요.

나방 모기

atrgmosquitorsqmothed

Quiz 빈칸을 채우세요.

There are many ________s. 많은 메뚜기가 있다.

Continents 대륙

You can see Africa on this map.

너는 이 지도에서 아프리카 를 볼 수 있다.

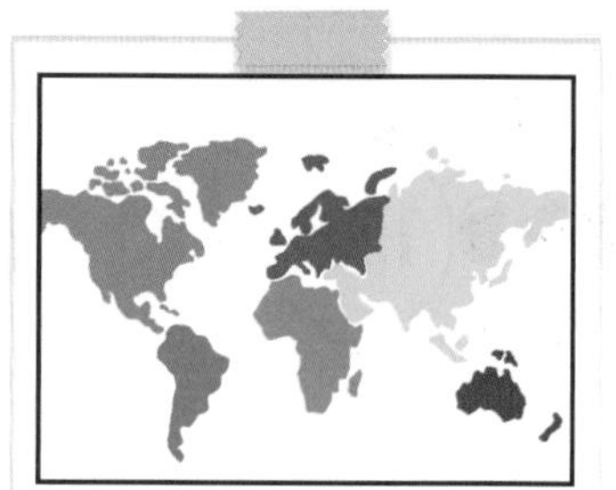

789 **South America** [sauth əmérikə] ㉮ 남아메리카

단어 찾기

South American

South America

792 **Asia** [éiʒə] ㉮ 아시아

단어 완성하기

☐ s ☐ ☐

790 **North America** [nɔːrθ əmérikə] ㉮ 북아메리카

단어 완성하기

N ☐ ☐ ☐ ☐ America

793 **Oceania** [ouʃiáːniə] ㉮ 오세아니아

단어 찾기

Oceania　Ocenia

Ocaenia

791 **Europe** [júrəp] ㉮ 유럽

단어 완성하기

☐ u ☐ o ☐ ☐

794 **Africa** [ǽfrikə] ㉮ 아프리카

단어 완성하기

☐ ☐ r ☐ ☐ ☐

Quiz 빈칸을 채우세요.

You can see ________ on this map. 너는 이 지도에서 아시아 를 볼 수 있다.

Unit 158 Disasters 재해

It was the biggest earthquake.

그것은 가장 큰 지진이었다.

795 **earthquake** [ə́ːrθkweik] 명 지진

단어 찾기

earthquke

earthquake

796 **typhoon** [taifúːn] 명 태풍

단어 완성하기

□ y □ h □ □ □

797 **flood** [flʌd] 명 홍수

단어 완성하기

□ l □ □ □

798 **drought** [draut] 명 가뭄

단어 찾기

drought　droght

draught

꿀팁 그림으로 보는 재해

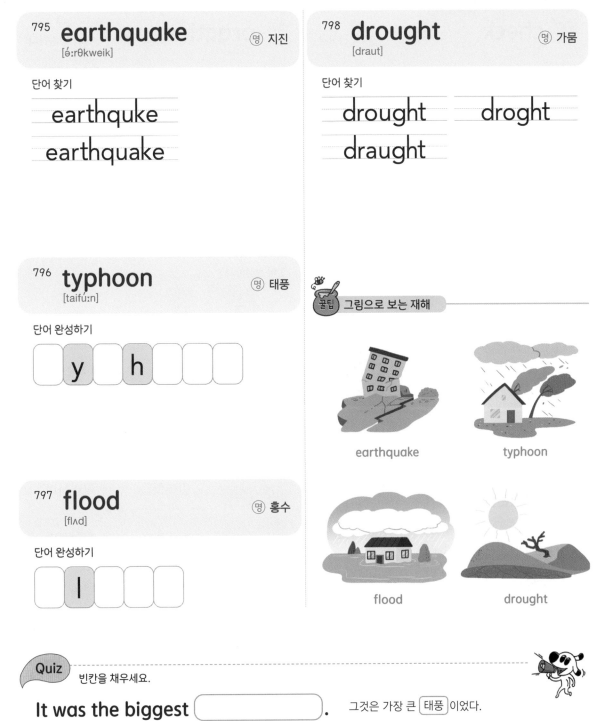

earthquake　typhoon

flood　drought

Quiz 빈칸을 채우세요.

It was the biggest ＿＿＿＿＿＿. 그것은 가장 큰 태풍이었다.

Unit 159 Things to Do 할 일

You have to [check] it.

너는 그것을 [확인해야] 한다.

799 **check** [tʃek] ⓓ 확인하다

단어 찾기

chack check checke

800 **remember** [rimémbər] ⓓ 기억하다

단어 완성하기

_ _ m _ _ b _ _

801 **repeat** [ripí:t] ⓓ 반복하다

단어 완성하기

_ e _ e _ _

802 **practice** [prǽktis] ⓓ 연습하다

단어 찾기

practice prectice pratice

803 **focus** [fóukəs] ⓓ 집중하다

단어 완성하기

_ o _ u _

'그것에 집중하다'라고 하고 싶을 때는 focus on을 써서 focus on it이라고 해요.
You have to focus on it.(너는 그것에 집중해야 한다.)

단어에 알맞은 우리말을 고르세요.

repeat	□ 반복하다	□ 확인하다
focus	□ 집중하다	□ 기억하다
practice	□ 기억하다	□ 연습하다

Quiz 빈칸을 채우세요.

You have to [ ] it. 너는 그것을 [기억해야] 한다.

Review
32

도전! 영단어 테스트 Unit 156~159

맞힌 개수: /20

★빈칸을 채우세요.

영단어	우리말	영단어	우리말
1 ladybug	무당벌레	11 North America	북아메리카
2	나방	12	홍수
3 mosquito		13	태풍
4 butterfly		14 earthquake	
5	메뚜기	15 drought	
6 South America		16	확인하다
7	유럽	17	집중하다
8	아시아	18	반복하다
9 Oceania		19 practice	
10 Africa		20 remember	

•정답은 215쪽에서 확인하세요!

끝까지 풀다니!
너 정말 멋지다~
단어

틀린 단어만 모아 정리하세요.

바빠 초등 필수 영단어

정답

① 정답을 확인한 후 틀린 문제는 ☆표를 쳐 놓으세요~

② 그리고 그 문제들만 다시 풀어 보는 습관을 들이면 최고!

✔ 틀린 문제를 확인하는 습관을 들이면 공부 실력을 키울 수 있어요!

← 정답

Review 1 도전! 영단어 테스트 17쪽

1 사과
2 pear
3 strawberry
4 바나나
5 포도
6 피자
7 bread
8 hamburger
9 fish
10 샐러드
11 공
12 book
13 cup
14 clock
15 모자
16 개
17 cat
18 rabbit
19 horse
20 새
21 높이 뛰다
22 스키를 타다
23 read
24 swim
25 write

Review 2 도전! 영단어 테스트 23쪽

1 엄마
2 dad
3 형, 오빠, 남동생
4 sister
5 아기
6 가족
7 student
8 로봇
9 doll
10 친구
11 눈
12 nose
13 mouth
14 ear
15 얼굴
16 머리
17 arm
18 hand
19 leg
20 발
21 춤추다
22 스케이트를 타다
23 walk
24 run
25 fly

Review 3 도전! 영단어 테스트 29쪽

1 예쁜
2 cute
3 나이든
4 young
5 키가 큰
6 작은
7 big
8 long
9 short
10 뚱뚱한
11 검은색의
12 green
13 red
14 yellow
15 파란색의
16 눈이 오고 있는
17 화창한
18 raining
19 windy
20 흐린
21 행복한
22 화가 난
23 sad
24 thirsty
25 hungry

Review 4 도전! 영단어 테스트 35쪽

1 소파
2 bed
3 curtain
4 전등
5 탁자
6 의자
7 desk
8 door
9 window
10 벽
11 가위
12 ruler
13 pencil
14 eraser
15 풀
16 크레용
17 sketchbook
18 colored pencil
19 paper
20 물감, 페인트
21 포크
22 칼
23 chopsticks
24 bowl
25 spoon

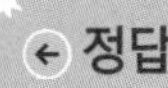

Review 5 도전! 영단어 테스트 41쪽

1	소	14	four
2	duck	15	5, 다섯
3	pig	16	6, 여섯
4	닭, 닭고기	17	seven
5	당나귀	18	eight
6	(챙이 앞에 달린) 모자	19	nine
7	computer	20	10, 열
8	watch	21	11, 열하나
9	bag	22	12, 열둘
10	우산	23	thirteen
11	1, 하나	24	fourteen
12	two	25	fifteen
13	three		

Review 6 도전! 영단어 테스트 47쪽

1	하얀색의	14	noodle
2	orange	15	스파게티
3	pink	16	기름
4	갈색의	17	sugar
5	보라색의	18	salt
6	토마토	19	pepper
7	carrot	20	버터
8	onion	21	뱀
9	vegetable	22	개미
10	감자	23	spider
11	스테이크	24	frog
12	rice	25	bee
13	soup		

Review 7 도전! 영단어 테스트 53쪽

1	해변	14	elephant
2	sand	15	곰
3	desert	16	버스
4	강	17	car
5	하늘	18	taxi
6	해	19	bicycle
7	moon	20	지하철
8	star	21	배
9	tree	22	보트
10	꽃	23	train
11	사자	24	truck
12	monkey	25	airplane
13	giraffe		

Review 8 도전! 영단어 테스트 59쪽

1	키위	14	sit down
2	melon	15	일어서다
3	watermelon	16	가다
4	레몬	17	meet
5	과일	18	work
6	저녁	19	eat
7	morning	20	미소 짓다
8	afternoon	21	배드민턴
9	night	22	테니스
10	날, 낮	23	baseball
11	여기로 오다	24	basketball
12	open the door	25	soccer
13	close the door		

Review 9 도전! 영단어 테스트 66쪽

1 어머니
2 father
3 아들
4 딸
5 부모
6 고모, 이모, 숙모
7 uncle
8 grandfather
9 grandmother
10 조부모
11 가수
12 driver
13 writer
14 farmer
15 춤꾼, 댄서
16 아픈
17 full
18 sleepy
19 몹시 화가 난
20 바쁜
21 신난
22 확신하는
23 afraid
24 tired
25 surprised

Review 10 도전! 영단어 테스트 72쪽

1 월요일
2 Tuesday
3 수요일
4 목요일
5 Friday
6 토요일
7 Sunday
8 breakfast
9 lunch
10 저녁(식사)
11 수업
12 안녕(작별 인사)
13 coffee
14 milk
15 soda
16 차
17 juice
18 cheese
19 cookie
20 초콜릿
21 샌드위치
22 소시지
23 glove
24 scarf
25 shoe
26 양말
27 sweater

Review 11 도전! 영단어 테스트 78쪽

1 머리카락
2 tooth
3 목
4 혀
5 lip
6 보다
7 touch
8 taste
9 hear
10 냄새를 맡다
11 잡다
12 hit
13 throw
14 kick
15 패스하다, 건네주다
16 산
17 waterfall
18 lake
19 hill
20 바다
21 높은
22 큰
23 low
24 dark
25 quick

Review 12 도전! 영단어 테스트 84쪽

1 20, 스물
2 thirty
3 40, 마흔
4 50, 쉰
5 o'clock
6 따뜻한
7 hot
8 축축한
9 cold
10 건조한
11 season
12 봄
13 summer
14 fall
15 winter
16 외투
17 셔츠
18 blouse
19 jacket
20 skirt
21 생일
22 케이크
23 초
24 balloon
25 present

Review 13 도전! 영단어 테스트 90쪽

1	머리띠	14	wolf
2	tape	15	사슴
3	전화기	16	양
4	공책	17	goat
5	glasses	18	snail
6	on	19	goose
7	~안에	20	금붕어
8	under	21	빠른
9	~옆에	22	느린
10	~앞에	23	dirty
11	판다	24	clean
12	tiger	25	좋은
13	fox		

Review 14 도전! 영단어 테스트 96쪽

1	의사	14	help people
2	teacher	15	음식을 만들다
3	요리사	16	달콤한
4	소방관	17	sour
5	police officer	18	salty
6	병원	19	delicious
7	학교	20	매운
8	restaurant	21	사람들
9	fire station	22	여자
10	police station	23	man
11	사람들을 구하다	24	boy
12	학생들을 가르치다	25	girl
13	put out fires		

Review 15 도전! 영단어 테스트 102쪽

1	(소리 내어) 웃다	14	talk
2	cook	15	걱정하다
3	노래하다	16	여행하다
4	공부하다	17	go fishing
5	jog	18	go shopping
6	조용히 하다	19	visit
7	(귀 기울여) 듣다	20	집에 머무르다
8	wait	21	찾다
9	brush your teeth	22	~에 대해 생각하다
10	자러 가다	23	guess
11	떠나다	24	get
12	앉다	25	know
13	enter		

Review 16 도전! 영단어 테스트 108쪽

1	사용하다	14	zoo
2	borrow	15	쇼핑몰
3	해 보다	16	침실
4	들어가다	17	living room
5	가지고 가다	18	bathroom
6	guitar	19	kitchen
7	drum	20	정원
8	피아노	21	내 방을 청소하다
9	첼로	22	내 자전거를 타다
10	violin	23	wash my hands
11	park	24	eat breakfast
12	도서관	25	watch TV
13	교회		

Review 17 도전! 영단어 테스트 115쪽

1	배낭	14	science
2	textbook	15	체육
3	병	16	기계를 발명하다
4	camera	17	speak English
5	pencil case	18	play sports
6	캠핑하러 가다	19	make a robot
7	서핑하러 가다	20	영화를 보다
8	관광하러 가다	21	단단한
9	go hiking	22	부드러운
10	go bowling	23	strong
11	한국어	24	weak
12	영어	25	thin
13	math	26	두꺼운

Review 18 도전! 영단어 테스트 121쪽

1	유치원	14	add
2	elementary school	15	썰다
3	중학교	16	만화책
4	고등학교	17	minicar
5	university	18	baseball glove
6	볶음밥	19	soccer ball
7	소고기 스테이크	20	머리핀
8	apple juice	21	1월
9	potato pizza	22	February
10	다지다	23	March
11	과일 샐러드	24	April
12	fry	25	5월
13	peel	26	6월

Review 19 도전! 영단어 테스트 127쪽

1	7월	14	toilet
2	August	15	욕조
3	9월	16	화장지
4	10월	17	classroom
5	November	18	music room
6	12월	19	화장실
7	museum	20	미술실
8	theater	21	운동장
9	bakery	22	일어나다
10	시장	23	have lunch
11	농장	24	go to school
12	mirror	25	get home
13	shelf	26	네 숙제를 하다

Review 20 도전! 영단어 테스트 133쪽

1	항상	14	village
2	usually	15	섬
3	자주	16	worried
4	sometimes	17	sorry
5	결코 ~않다	18	정말 좋은
6	버스를 타다	19	well
7	집에 가다	20	lonely
8	keep a diary	21	선글라스
9	listen to music	22	칫솔
10	샤워를 하다	23	snowman
11	소도시	24	snowball
12	city	25	sunflower
13	country		

Review 21 도전! 영단어 테스트 139쪽

1 서점
2 bus stop
3 bank
4 우체국
5 꽃집
6 직선으로 가다
7 turn right
8 turn left
9 go one block
10 네 왼쪽을 보다
11 내일
12 weekend
13 year
14 week
15 월
16 join a camp
17 댄스 수업을 받다
18 소풍을 가다
19 중국어를 배우다
20 내 개를 씻기다
21 brush
22 물, 물을 주다
23 답, 답하다
24 drink
25 play

Review 22 도전! 영단어 테스트 145쪽

1 잘생긴
2 beautiful
3 못생긴
4 친절한
5 똑똑한
6 벼룩시장
7 magic show
8 concert
9 푸드 트럭
10 school festival
11 왕자
12 princess
13 king
14 queen
15 왕관
16 피부
17 brain
18 heart
19 blood
20 뼈
21 옳은, 오른쪽의
22 시원한, 멋진
23 bad
24 clear
25 light

Review 23 도전! 영단어 테스트 151쪽

1 사진을 찍다
2 use the pencil
3 창문을 닫다
4 내 개를 데려오다
5 이것을 입어 보다
6 화가
7 photographer
8 nurse
9 scientist
10 engineer
11 꽃을 보다
12 식물을 기르다
13 이야기를 쓰다
14 play board games
15 그림을 그리다
16 jump rope
17 go climbing
18 ride a boat
19 토마토를 따다
20 별에 대해 배우다
21 정직한
22 현명한
23 brave
24 calm
25 lazy

Review 24 도전! 영단어 테스트 157쪽

1 청바지
2 pants
3 귀걸이
4 (벙어리) 장갑
5 boots
6 야구 방망이
7 uniform
8 helmet
9 racket
10 그물망
11 씨앗
12 root
13 leaf
14 stem
15 새싹
16 미술
17 history
18 social studies
19 music
20 과목
21 금성
22 지구
23 Mars
24 Jupiter
25 수성

Review 25 도전! 영단어 테스트 164쪽

1 첫 번째의
2 second
3 세 번째의
4 네 번째의
5 fifth
6 여섯 번째의
7 seventh
8 eighth
9 ninth
10 열 번째의
11 100(백)
12 thousand
13 ten thousand
14 twenty thousand
15 30,000(3만)
16 airport
17 station
18 stadium
19 항구
20 기념품 가게
21 당기다
22 밀다
23 buy
24 sell
25 start
26 멈추다

Review 26 도전! 영단어 테스트 170쪽

1 동아리 축제
2 Children's Day
3 현장 학습
4 학교 축제
5 댄스 경연
6 소설
7 cartoon
8 email
9 추리소설
10 일기
11 감자 튀김
12 vegetable pizza
13 egg sandwich
14 hot dog
15 소고기 카레
16 내 개를 산책시키다
17 fly a kite
18 dance to music
19 bake bread
20 play games
21 파도, 손을 흔들다
22 옷, 옷을 입다
23 break
24 ring
25 swing

Review 27 도전! 영단어 테스트 176쪽

1 유리
2 plastic
3 나무
4 돌
5 metal
6 ~뒤에
7 ~옆에
8 ~사이에
9 around
10 ~맞은편에
11 코미디언
12 traveler
13 fashion designer
14 pilot
15 동물원 사육사
16 박수를 치다
17 scratch
18 nod
19 shake
20 고개를 숙이다
21 에어컨
22 전자레인지
23 refrigerator
24 vacuum cleaner
25 washing machine

Review 28 도전! 영단어 테스트 182쪽

1 주문하다
2 call
3 밖에서 놀다
4 안에 머무르다
5 send a message
6 스페인의
7 Chinese
8 French
9 British
10 이탈리아의
11 두통
12 stomachache
13 toothache
14 cough
15 콧물
16 의사를 만나보다 (병원에 가다)
17 get some rest
18 take some medicine
19 drink warm water
20 일찍 일어나다
21 쉬운
22 (값이) 싼
23 expensive
24 difficult
25 interesting
26 지루한

도전! 영단어 테스트 188쪽

1	더 큰	14	four times
2	stronger	15	다섯 번
3	더 빠른	16	공기 오염(대기 오염)
4	더 무거운	17	소음 공해
5	더 짧은	18	water pollution
6	운동하다	19	미세 먼지
7	eat fast food	20	global warming
8	wash your car	21	달빛
9	사진을 올리다	22	불가사리
10	늦게까지 깨어 있다	23	popcorn
11	한 번	24	fishbowl
12	twice	25	wheelchair
13	three times		

도전! 영단어 테스트 194쪽

1	외식하다	14	turn off
2	have a pet	15	줄이다
3	새 친구들을 사귀다	16	계단을 이용하다
4	여행하다	17	reuse bottles
5	산책하다	18	pick up trash
6	선 뒤에 있다	19	clean a park
7	stop at the red light	20	짧게 샤워하다
8	use the crosswalk	21	장기 자랑 대회
9	look left and right	22	영화 축제
10	네 안전벨트를 매다	23	graduation
11	절약하다	24	sports day
12	recycle	25	birthday party
13	reuse		

Review 31

도전! 영단어 테스트 200쪽

1	손가락	14	triangle
2	toe	15	oval
3	팔꿈치	16	rich
4	어깨	17	가난한
5	knee	18	straight
6	pumpkin	19	곱슬곱슬한
7	cabbage	20	시끄러운
8	시금치	21	quiet
9	오이	22	충격을 받은
10	garlic	23	화가 난
11	square	24	nervous
12	원형	25	friendly
13	직사각형	26	serious

도전! 영단어 테스트 205쪽

1	무당벌레	11	North America
2	moth	12	flood
3	모기	13	typhoon
4	나비	14	지진
5	grasshopper	15	가뭄
6	남아메리카	16	check
7	Europe	17	focus
8	Asia	18	repeat
9	오세아니아	19	연습하다
10	아프리카	20	기억하다

다음을 참고하여 영문 발음 기호를 확인하세요.

1. 모음 & 이중모음

발음 기호	소리	예시 단어
[a]	아	clock [klak]
[e]	에	bread [bred]
[i]	이	fish [fiʃ]
[ɔ]	오	toilet [tɔ́ilət]
[u]	우	full [ful]
[æ]	애	apple [ǽpl]
[ə]	어	melon [mélən]
[ʌ]	어	cup [kʌp]
[aː]	아-	arm [aːrm]
[iː]	이-	read [riːd]
[əː]	어-	curtain [kə́ːrtn]
[uː]	우-	ruler [rúːlər]
[ɔː]	오-	fork [fɔːrk]
[ei]	에이	snail [sneil]
[eə]	에어	pear [peər]
[ou]	오우	bowl [boul]
[ɔi]	오이	boy [bɔi]
[ai]	아이	find [faind]
[iə]	이어	serious [siriəs]

2. 자음

발음 기호	소리	예시 단어	발음 기호	소리	예시 단어
[p]	프	pig [pig]	[k]	크	cat [kæt]
[θ]	쓰	throw [θrou]	[ʃ]	쉬	shoe [ʃuː]
[h]	흐	hand [hænd]	[r]	르	run [rʌn]
[b]	브	box [baks]	[g]	그	go [gou]
[ð]	드	this [ðis]	[ʒ]	쥐	usually [júːʒuəli]
[m]	므	man [mæn]	[l]	르	light [lait]
[t]	트	time [taim]	[f]	프	face [feis]
[s]	스	sun [sʌn]	[tʃ]	취	chair [tʃer]
[n]	느	nose [nouz]	[j]	이	yellow [jélou]
[d]	드	dog [dɔːg]	[v]	브	visit [vízit]
[z]	즈	zoo [zuː]	[dʒ]	쥐	juice [dʒuːs]
[ŋ]	응(받침)	wing [wiŋ]	[w]	우	west [west]

※ 이 책의 발음 기호는 온라인 사전(다음 사전 등)을 기준으로 표기했습니다.

발음 기호를 활용해
책 속 단어를 읽어 보세요.
eyes

찾아보기

D

E

F

찾아보기

찾아보기

T

찾아보기

Unit 1 Fruit

영단어	빈칸 채우기	2번씩 쓰기
apple 사과	a pple	
banana 바나나	ban ☐ na	
grape 포도	gra ☐ e	
pear 배	p ☐ ar	
strawberry 딸기	stra ☐ berry	

Unit 2 Food

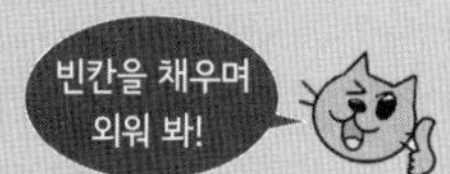

영단어	빈칸 채우기	2번씩 쓰기
bread 빵	bre ☐ d	
hamburger 햄버거	ha ☐ burger	
fish 생선, 물고기	fis ☐	
pizza 피자	piz ☐ a	
salad 샐러드	sa ☐ ad	

Unit 3 Things

영단어	빈칸 채우기	2번씩 쓰기	
ball 공	□all		
clock 시계	clo□k		
book 책	boo□		
cup 컵	c□p		
hat 모자	□at		

Unit 4 Animals

영단어	빈칸 채우기	2번씩 쓰기	
dog 개	□og		
cat 고양이	ca□		
rabbit 토끼	ra□bit		
horse 말	h□rse		
bird 새	bi□d		

Unit 5 Action

영단어	빈칸 채우기	2번씩 쓰기	
swim 수영하다	s□im		
ski 스키를 타다	s□i		
jump 높이 뛰다	□ump		
read 읽다	r□ad		
write (글자, 숫자 등을) 쓰다	writ□		

Unit 6 Family

영단어	빈칸 채우기	2번씩 쓰기	
dad 아빠	da□		
mom 엄마	□om		
brother 형, 오빠, 남동생	bro□her		
sister 누나, 언니, 여동생	si□ter		
baby 아기	bab□		

Unit 7 Introducing

영단어	빈칸 채우기	2번씩 쓰기	
friend 친구	fr☐end		
family 가족	☐amily		
student 학생	st☐dent		
robot 로봇	r☐bot		
doll 인형	do☐l		

Unit 8 Face

영단어	빈칸 채우기	2번씩 쓰기	
eye 눈	e☐e		
nose 코	☐ose		
mouth 입	mo☐th		
ear 귀	ea☐		
face 얼굴	fa☐e		

Unit 9 Body

영단어	빈칸 채우기	2번씩 쓰기	
head 머리	□ead		
arm 팔	a□m		
hand 손	han□		
foot 발	f□ot		
leg 다리	le□		

Unit 10 Action

영단어	빈칸 채우기	2번씩 쓰기	
dance 춤추다	da□ce		
skate 스케이트를 타다	s□ate		
walk 걷다	wal□		
run 달리다	□un		
fly 날다	fl□		

Unit 11 People

영단어	빈칸 채우기	2번씩 쓰기	
pretty 예쁜	pre□ty		
cute 귀여운	c□te		
old 나이든	□ld		
young 어린	youn□		
tall 키가 큰	□all		

Unit 12 Size

영단어	빈칸 채우기	2번씩 쓰기	
small 작은	s□all		
big 큰	bi□		
fat 뚱뚱한	□at		
long 긴	lo□g		
short 짧은	sho□t		

Unit 13 Colors

영단어	빈칸 채우기	2번씩 쓰기	
black 검은색의	bla□k		
green 초록색의	g□een		
red 빨간색의	re□		
yellow 노란색의	y□llow		
blue 파란색의	bl□e		

Unit 14 Weather

영단어	빈칸 채우기	2번씩 쓰기	
sunny 화창한	sun□y		
snowing 눈이 오고 있는	s□owing		
raining 비가 오고 있는	rai□ing		
windy 바람이 부는	□indy		
cloudy 흐린	clou□y		

Unit 15 Feelings

영단어	빈칸 채우기	2번씩 쓰기	
happy 행복한	ha□py		
sad 슬픈	s□d		
angry 화가 난	a□gry		
thirsty 목마른	thi□sty		
hungry 배고픈	hun□ry		

Unit 16 House Things

영단어	빈칸 채우기	2번씩 쓰기	
bed 침대	□ed		
sofa 소파	so□a		
table 탁자	ta□le		
curtain 커튼	cur□ain		
lamp 전등	lam□		

Unit 17 House Things

영단어	빈칸 채우기	2번씩 쓰기	
desk 책상	des☐		
chair 의자	c☐air		
door 문	☐oor		
window 창문	wind☐w		
wall 벽	wa☐l		

Unit 18 School Things

영단어	빈칸 채우기	2번씩 쓰기	
pencil 연필	☐encil		
eraser 지우개	era☐er		
ruler 자	r☐ler		
scissors 가위	sci☐sors		
glue stick 풀	gl☐e s☐ick		

Unit 19 School Things

영단어	빈칸 채우기	2번씩 쓰기
crayon 크레용	cra□on	
sketchbook 스케치북	ske□chbo□k	
colored pencil 색연필	colo□ed p□ncil	
paint 물감, 페인트	p□int	
paper 종이	pa□er	

Unit 20 Kitchen Things

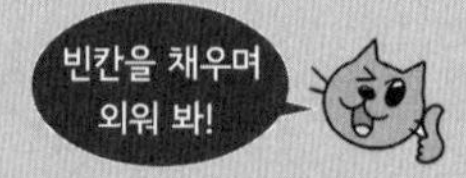

영단어	빈칸 채우기	2번씩 쓰기
fork 포크	□ork	
chopsticks 젓가락	cho□sticks	
spoon 숟가락	□poon	
bowl 그릇	bo□l	
knife 칼	k□ife	

Unit 21 Animals

영단어	빈칸 채우기	2번씩 쓰기	
cow 소	□ow		
duck 오리	d□ck		
pig 돼지	pi□		
chicken 닭, 닭고기	c□icken		
donkey 당나귀	don□ey		

Unit 22 My Things

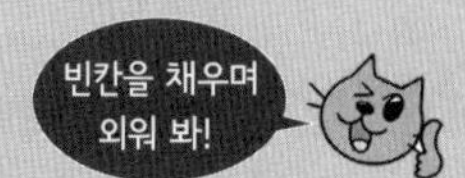

영단어	빈칸 채우기	2번씩 쓰기	
computer 컴퓨터	com□uter		
cap (챙이 앞에 달린) 모자	□ap		
watch 손목 시계	wa□ch		
bag 가방	ba□		
umbrella 우산	u□brella		

Unit 23 Numbers

영단어	빈칸 채우기	2번씩 쓰기	
one 1, 하나	o☐e		
two 2, 둘	tw☐		
three 3, 셋	t☐ree		
four 4, 넷	fou☐		
five 5, 다섯	☐ive		

Unit 24 Time

영단어	빈칸 채우기	2번씩 쓰기	
six 6, 여섯	si☐		
seven 7, 일곱	se☐en		
eight 8, 여덟	ei☐ht		
nine 9, 아홉	☐ine		
ten 10, 열	t☐n		

Unit 25 Age

영단어	빈칸 채우기	2번씩 쓰기	
eleven 11, 열하나	ele□en		
twelve 12, 열둘	t□elve		
thirteen 13, 열셋	thi□teen		
fourteen 14, 열넷	four□een		
fifteen 15, 열다섯	□ifteen		

Unit 26 Colors

영단어	빈칸 채우기	2번씩 쓰기	
white 하얀색의	□hite		
brown 갈색의	br□wn		
orange 주황색의	oran□e		
pink 분홍색의	pin□		
purple 보라색의	□urple		

Unit 27 Vegetables

영단어	빈칸 채우기	2번씩 쓰기	
tomato 토마토	tomat□		
carrot 당근	ca□rot		
onion 양파	on□on		
potato 감자	□otato		
vegetable 채소	veg□table		

Unit 28 Food

영단어	빈칸 채우기	2번씩 쓰기	
rice 밥, 쌀	ri□e		
steak 스테이크	s□eak		
soup 수프	sou□		
noodle 국수, 면	□oodle		
spaghetti 스파게티	spag□etti		

Unit 29 Cooking

영단어	빈칸 채우기	2번씩 쓰기	
salt 소금	sal☐		
sugar 설탕	s☐gar		
oil 기름	☐il		
butter 버터	butt☐r		
pepper 후추	pep☐er		

Unit 30 Animals

영단어	빈칸 채우기	2번씩 쓰기	
spider 거미	s☐ider		
snake 뱀	s☐ake		
frog 개구리	fro☐		
ant 개미	☐nt		
bee 벌	be☐		

Unit 31 Nature

영단어	빈칸 채우기	2번씩 쓰기	
beach 해변	beac☐		
sand 모래	☐and		
river 강	ri☐er		
sky 하늘	s☐y		
desert 사막	des☐rt		

Unit 32 Nature

영단어	빈칸 채우기	2번씩 쓰기	
tree 나무	☐ree		
star 별	st☐r		
flower 꽃	flo☐er		
moon 달	☐oon		
sun 해	s☐n		

Unit 33 Animals

영단어	빈칸 채우기	2번씩 쓰기	
monkey 원숭이	mon☐ey		
lion 사자	l☐on		
giraffe 기린	gira☐fe		
elephant 코끼리	elep☐ant		
bear 곰	☐ear		

Unit 34 Vehicles

영단어	빈칸 채우기	2번씩 쓰기	
bicycle 자전거	bic☐cle		
car 자동차	c☐r		
bus 버스	☐us		
taxi 택시	tax☐		
subway 지하철	sub☐ay		

Unit 35 Vehicles

영단어	빈칸 채우기	2번씩 쓰기	
truck 트럭	tr☐ck		
ship 배	s☐ip		
boat 보트	bo☐t		
train 기차	t☐ain		
airplane 비행기	airpla☐e		

Unit 36 Fruit

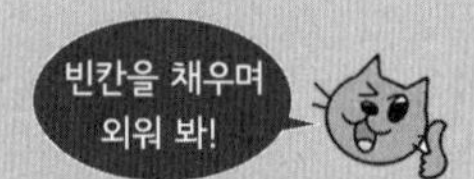

영단어	빈칸 채우기	2번씩 쓰기	
kiwi 키위	ki☐i		
melon 멜론	☐elon		
watermelon 수박	waterme☐on		
lemon 레몬	le☐on		
fruit 과일	fru☐t		

Unit 37 One Day

영단어	빈칸 채우기	2번씩 쓰기	
morning 아침	mo☐ning		
afternoon 오후	after☐oon		
evening 저녁	e☐ening		
night 밤	ni☐ht		
day 날, 낮	☐ay		

Unit 38 Do

영단어	빈칸 채우기	2번씩 쓰기	
close the door 문을 닫다	clo☐e the do☐r		
open the door 문을 열다	☐pen the ☐oor		
come here 여기로 오다	c☐me he☐e		
sit down 앉다	sit ☐own		
stand up 일어서다	st☐nd u☐		

Unit 39 Suggesting

영단어	빈칸 채우기	2번씩 쓰기	
go 가다	□o		
meet 만나다	me□t		
work 일하다	wo□k		
eat 먹다	e□t		
smile 미소 짓다	smil□		

Unit 40 Sports

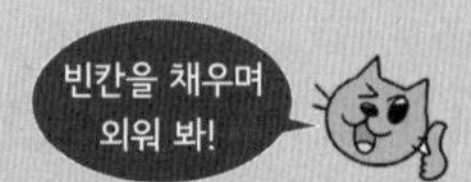

영단어	빈칸 채우기	2번씩 쓰기	
basketball 농구	bas□etball		
baseball 야구	b□seball		
badminton 배드민턴	bad□inton		
tennis 테니스	ten□is		
soccer 축구	soc□er		

Unit 41 Family

영단어	빈칸 채우기	2번씩 쓰기	
mother 어머니	☐other		
father 아버지	fat☐er		
son 아들	☐on		
daughter 딸	da☐ghter		
parent 부모	par☐nt		

Unit 42 Family

영단어	빈칸 채우기	2번씩 쓰기	
aunt 고모, 이모, 숙모	a☐nt		
uncle 삼촌, 아저씨	un☐le		
grandfather 할아버지	gran☐father		
grandmother 할머니	gra☐dmother		
grandparent 조부모	grand☐arent		

Unit 43 Jobs

영단어	빈칸 채우기	2번씩 쓰기	
singer 가수	sin☐er		
dancer 춤꾼, 댄서	da☐cer		
driver 운전기사	dri☐er		
writer 작가	☐riter		
farmer 농부	far☐er		

Unit 44 Adjectives

영단어	빈칸 채우기	2번씩 쓰기	
sick 아픈	☐ick		
full 배부른	f☐ll		
sleepy 졸린	sleep☐		
mad 몹시 화가 난	m☐d		
busy 바쁜	bu☐y		

Unit 45 Feelings

영단어	빈칸 채우기	2번씩 쓰기	
afraid 두려운	afra☐d		
excited 신난	☐xcited		
surprised 놀란	sur☐rised		
tired 피곤한	ti☐ed		
sure 확신하는	s☐re		

Unit 46 Seven Days

영단어	빈칸 채우기	2번씩 쓰기	
Monday 월요일	Mo☐day		
Tuesday 화요일	Tu☐sday		
Wednesday 수요일	We☐nesday		
Thursday 목요일	Thu☐sday		
Friday 금요일	☐riday		
Saturday 토요일	Sat☐rday		
Sunday 일요일	Su☐day		

Unit 47 Daily Life

영단어	빈칸 채우기	2번씩 쓰기	
breakfast 아침(식사)	brea☐fast		
lunch 점심(식사)	lunc☐		
dinner 저녁(식사)	din☐er		
class 수업	☐lass		
goodbye 안녕(작별 인사)	good☐ye		

Unit 48 Drinks

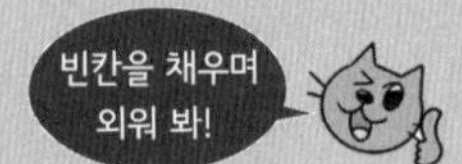

영단어	빈칸 채우기	2번씩 쓰기	
coffee 커피	co☐fee		
juice 주스	ju☐ce		
milk 우유	mil☐		
tea 차	☐ea		
soda 탄산음료	so☐a		

Unit 49 Snacks

영단어	빈칸 채우기	2번씩 쓰기	
chocolate 초콜릿	chocol☐te		
cheese 치즈	ch☐ese		
sandwich 샌드위치	sandwi☐h		
cookie 쿠키	coo☐ie		
sausage 소시지	sa☐sage		

Unit 50 Things to Wear

영단어	빈칸 채우기	2번씩 쓰기	
sweater 스웨터	swe☐ter		
glove 장갑	glo☐e		
sock 양말	so☐k		
shoe 신발	s☐oe		
scarf 스카프	scar☐		

Unit 51 Body

영단어	빈칸 채우기	2번씩 쓰기	
hair 머리카락	hai□		
tooth 이, 치아	to□th		
neck 목	□eck		
lip 입술	li□		
tongue 혀	ton□ue		

Unit 52 Action

영단어	빈칸 채우기	2번씩 쓰기	
see 보다	□ee		
smell 냄새를 맡다	s□ell		
taste 맛보다	ta□te		
hear (소리를) 듣다	□ear		
touch 만지다	touc□		

Unit 53 Action

영단어	빈칸 채우기	2번씩 쓰기	
catch 잡다	ca☐ch		
hit 치다	☐it		
pass 패스하다, 건네주다	p☐ss		
throw 던지다	thr☐w		
kick (발로) 차다	ki☐k		

Unit 54 Nature

영단어	빈칸 채우기	2번씩 쓰기	
mountain 산	mo☐ntain		
waterfall 폭포	water☐all		
sea 바다	☐ea		
hill 언덕	hil☐		
lake 호수	la☐e		

Unit 55 Adjectives

영단어	빈칸 채우기	2번씩 쓰기	
high 높은	hi□h		
low 낮은	lo□		
large 큰	la□ge		
dark 어두운	□ark		
quick 빠른	qu□ck		

Unit 56 Time

영단어	빈칸 채우기	2번씩 쓰기	
twenty 20, 스물	t□enty		
thirty 30, 서른	thi□ty		
forty 40, 마흔	f□rty		
fifty 50, 쉰	fif□y		
o'clock ~시	□'clock		

Unit 57 Weather

영단어	빈칸 채우기	2번씩 쓰기	
warm 따뜻한	war□		
hot 더운	□ot		
wet 축축한	w□t		
cold 추운	co□d		
dry 건조한	d□y		

Unit 58 Seasons

영단어	빈칸 채우기	2번씩 쓰기	
spring 봄	s□ring		
summer 여름	su□mer		
fall 가을	□all		
winter 겨울	win□er		
season 계절	se□son		

Unit 59 Clothes

영단어	빈칸 채우기	2번씩 쓰기	
coat 외투	co☐t		
shirt 셔츠	s☐irt		
jacket 재킷	jac☐et		
blouse 블라우스	blou☐e		
skirt 치마	ski☐t		

Unit 60 Parties

영단어	빈칸 채우기	2번씩 쓰기	
birthday 생일	birt☐day		
candle 초	can☐le		
cake 케이크	c☐ke		
present 선물	pre☐ent		
balloon 풍선	ball☐on		

Unit 61 My Things

영단어	빈칸 채우기	2번씩 쓰기	
phone 전화기	p☐one		
hairband 머리띠	hai☐band		
glasses 안경	glass☐s		
tape 테이프	ta☐e		
notebook 공책	no☐ebook		

Unit 62 Position

영단어	빈칸 채우기	2번씩 쓰기	
on ~위에	☐n		
in ~안에	i☐		
under ~아래에	un☐er		
next to ~옆에	ne☐t to		
in front of ~앞에	in fro☐t of		

Unit 63 Animals

영단어	빈칸 채우기	2번씩 쓰기	
panda 판다	p☐nda		
tiger 호랑이	ti☐er		
fox 여우	fo☐		
wolf 늑대	☐olf		
deer 사슴	de☐r		

Unit 64 Animals

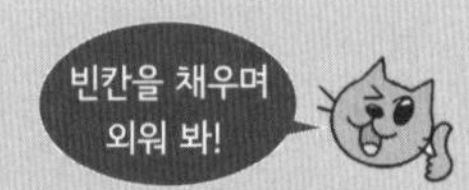

영단어	빈칸 채우기	2번씩 쓰기	
sheep 양	s☐eep		
goat 염소	go☐t		
goose 거위	go☐se		
snail 달팽이	s☐ail		
goldfish 금붕어	gold☐ish		

Unit 65 Adjectives

영단어	빈칸 채우기	2번씩 쓰기	
fast 빠른	fa☐t		
slow 느린	s☐ow		
dirty 더러운	dir☐y		
clean 깨끗한	cl☐an		
good 좋은	go☐d		

Unit 66 Jobs

영단어	빈칸 채우기	2번씩 쓰기	
doctor 의사	do☐tor		
teacher 선생님	teac☐er		
chef 요리사	che☐		
firefighter 소방관	firefigh☐er		
police officer 경찰관	police ☐fficer		

Unit 67 Places

영단어	빈칸 채우기	2번씩 쓰기	
hospital 병원	hos☐ital		
school 학교	sc☐ool		
restaurant 식당	res☐aur☐nt		
fire station 소방서	fi☐e stat☐on		
police station 경찰서	p☐lice s☐ation		

Unit 68 What to Do

영단어	빈칸 채우기	2번씩 쓰기	
save people 사람들을 구하다	sa☐e pe☐ple		
teach students 학생들을 가르치다	t☐ach stu☐ents		
make food 음식을 만들다	ma☐e f☐od		
put out fires 불(들)을 끄다	p☐t out ☐ires		
help people 사람들을 돕다	hel☐ peo☐le		

Unit 69 Taste

영단어	빈칸 채우기	2번씩 쓰기	
sweet 달콤한	s☐eet		
sour (맛이) 신	so☐r		
spicy 매운	spi☐y		
salty (맛이) 짠	sa☐ty		
delicious 맛있는	deli☐ious		

Unit 70 People

영단어	빈칸 채우기	2번씩 쓰기	
boy 소년	☐oy		
girl 소녀	gi☐l		
man 남자	m☐n		
woman 여자	wo☐an		
people 사람들	p☐ople		

Unit 71 Doing

영단어	빈칸 채우기	2번씩 쓰기	
cook 요리하다	c☐ok		
jog 조깅하다	jo☐		
study 공부하다	st☐dy		
sing 노래하다	si☐g		
laugh (소리 내어) 웃다	la☐gh		

Unit 72 Do

영단어	빈칸 채우기	2번씩 쓰기	
listen (귀 기울여) 듣다	list☐n		
wait 기다리다	w☐it		
go to bed 자러 가다	go to b☐d		
brush your teeth 네 이를 닦다	br☐sh your t☐eth		
be quiet 조용히 하다	be qui☐t		

Unit 73 Don't

영단어	빈칸 채우기	2번씩 쓰기
sit 앉다	□it	
leave 떠나다	l□ave	
talk 말하다	ta□k	
enter 들어가다	e□ter	
worry 걱정하다	wo□ry	

Unit 74 Future

영단어	빈칸 채우기	2번씩 쓰기
travel 여행하다	tra□el	
visit 방문하다	□isit	
go fishing 낚시하러 가다	go fis□ing	
go shopping 쇼핑하러 가다	go sh□pping	
stay home 집에 머무르다	s□ay ho□e	

Unit 75 Verbs

영단어	빈칸 채우기	2번씩 쓰기	
find 찾다	fi☐d		
know 알다	k☐ow		
get 얻다	☐et		
guess 추측하다	g☐ess		
think of ~에 대해 생각하다	thin☐ of		

Unit 76 Asking

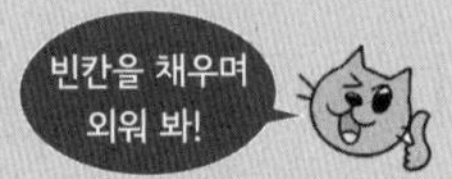

영단어	빈칸 채우기	2번씩 쓰기	
use 사용하다	u☐e		
take 가지고 가다	t☐ke		
try 해 보다	t☐y		
borrow 빌리다	bo☐row		
come in 들어가다	co☐e in		

Unit 77 Instruments

영단어	빈칸 채우기	2번씩 쓰기	
piano 피아노	pi□no		
violin 바이올린	vi□lin		
guitar 기타	g□itar		
drum 드럼	dru□		
cello 첼로	□ello		

Unit 78 Places

영단어	빈칸 채우기	2번씩 쓰기	
park 공원	□ark		
library 도서관	libra□y		
church 교회	ch□rch		
mall 쇼핑몰	□all		
zoo 동물원	zo□		

Unit 79 In a House

영단어	빈칸 채우기	2번씩 쓰기	
bedroom 침실	be☐room		
living room 거실	li☐ing room		
bathroom 욕실	bat☐room		
kitchen 부엌	ki☐chen		
garden 정원	gar☐en		

Unit 80 Habits

영단어	빈칸 채우기	2번씩 쓰기	
wash my hands 내 손을 씻다	w☐sh my hand☐		
eat breakfast 아침을 먹다	e☐t br☐akfast		
ride my bike 내 자전거를 타다	ri☐e my bik☐		
watch TV TV를 보다	w☐tch TV		
clean my room 내 방을 청소하다	☐lean my ☐oom		

Unit 81 My Things

영단어	빈칸 채우기	2번씩 쓰기	
camera 카메라	cam☐ra		
bottle 병	bo☐tle		
textbook 교과서	te☐tbook		
backpack 배낭	backp☐ck		
pencil case 필통	pen☐il ☐ase		

Unit 82 Activities

영단어	빈칸 채우기	2번씩 쓰기	
go camping 캠핑하러 가다	go cam☐ing		
go surfing 서핑하러 가다	go sur☐ing		
go bowling 볼링하러 가다	go bo☐ling		
go hiking 도보 여행을 가다	go hi☐ing		
go sightseeing 관광하러 가다	go si☐hts☐eing		

Unit 83 Subjects

영단어	빈칸 채우기	2번씩 쓰기	
Korean 한국어	K☐rean		
English 영어	En☐lish		
math 수학	mat☐		
science 과학	scien☐e		
P.E. 체육	☐.E.		

Unit 84 What You Want

영단어	빈칸 채우기	2번씩 쓰기	
speak English 영어로 말하다	sp☐ak En☐lish		
see a movie 영화를 보다	se☐ a mo☐ie		
make a robot 로봇을 만들다	☐ake a rob☐t		
play sports 스포츠를 하다	pla☐ spor☐s		
invent a machine 기계를 발명하다	inv☐nt a ☐achine		

Unit 85 Opposites

영단어	빈칸 채우기	2번씩 쓰기
hard 단단한	ha☐d	
soft 부드러운	so☐t	
strong 강한	st☐ong	
weak 약한	☐eak	
thick 두꺼운	thi☐k	
thin 얇은	thi☐	

Unit 86 Schools

영단어	빈칸 채우기	2번씩 쓰기
preschool 유치원	pr☐school	
elementary school 초등학교	elem☐ntary sch☐ol	
middle school 중학교	mi☐dle sc☐ool	
high school 고등학교	hi☐h school	
university 대학교	u☐iversity	

Unit 87 Food

영단어	빈칸 채우기	2번씩 쓰기	
fried rice 볶음밥	f☐ied ri☐e		
fruit salad 과일 샐러드	fr☐it ☐alad		
beefsteak 소고기 스테이크	be☐fst☐ak		
apple juice 사과 주스	ap☐le ju☐ce		
potato pizza 감자 피자	po☐ato pi☐za		

Unit 88 Cooking

영단어	빈칸 채우기	2번씩 쓰기	
fry 볶다, 튀기다	fr☐		
add 더하다	a☐d		
slice 썰다	sli☐e		
chop 다지다	cho☐		
peel 껍질을 벗기다	p☐el		

Unit 89 Gifts

영단어	빈칸 채우기	2번씩 쓰기	
minicar 모형 자동차	mi☐icar		
baseball glove 야구 글러브	bas☐ball ☐love		
soccer ball 축구공	so☐cer ba☐l		
hairpin 머리핀	hai☐pin		
comic book 만화책	co☐ic bo☐k		

Unit 90 Months

영단어	빈칸 채우기	2번씩 쓰기	
January 1월	Ja☐uary		
February 2월	Feb☐uary		
March 3월	Mar☐h		
April 4월	A☐ril		
May 5월	☐ay		
June 6월	J☐ne		

Unit 91 Months

영단어	빈칸 채우기	2번씩 쓰기	
July 7월	Ju☐y		
August 8월	☐ugust		
September 9월	Se☐tember		
October 10월	Octo☐er		
November 11월	No☐ember		
December 12월	Decem☐er		

Unit 92 Places

영단어	빈칸 채우기	2번씩 쓰기	
museum 박물관	m☐seum		
theater 극장	the☐ter		
bakery 빵집	ba☐ery		
market 시장	☐arket		
farm 농장	far☐		

Unit 93 Bathroom Things

영단어	빈칸 채우기	2번씩 쓰기	
mirror 거울	mi☐ror		
shelf 선반	sh☐lf		
toilet 변기, 화장실	to☐let		
bathtub 욕조	ba☐ht☐b		
toilet paper 화장지	toil☐t p☐per		

Unit 94 Places in a School

영단어	빈칸 채우기	2번씩 쓰기	
classroom 교실	cla☐sroom		
music room 음악실	m☐sic room		
restroom 화장실	res☐room		
art room 미술실	☐rt room		
playground 운동장	play☐round		

Unit 95 Daily Life

영단어	빈칸 채우기	2번씩 쓰기	
get up 일어나다	g☐t up		
go to school 학교에 가다	go to s☐hool		
get home 집에 도착하다	g☐t home		
have lunch 점심을 먹다	have lu☐ch		
do your homework 네 숙제를 하다	d☐ your ☐omework		

Unit 96 Frequency

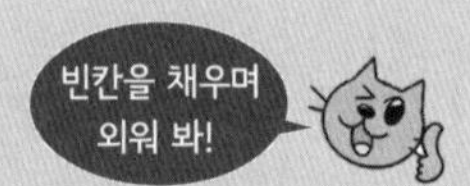

영단어	빈칸 채우기	2번씩 쓰기	
always 항상	☐lways		
usually 대개	usu☐lly		
often 자주	o☐ten		
sometimes 때때로	some☐imes		
never 결코 ~않다	ne☐er		

Unit 97 Daily Life

영단어	빈칸 채우기	2번씩 쓰기	
take a bus 버스를 타다	t☐ke a ☐us		
go home 집에 가다	☐o ho☐e		
take a shower 샤워하다	t☐ke a sho☐er		
listen to music 음악을 듣다	lis☐en to m☐sic		
keep a diary 일기를 쓰다	ke☐p a di☐ry		

Unit 98 Places

영단어	빈칸 채우기	2번씩 쓰기	
town 소도시	to☐n		
city 도시	☐ity		
country 시골	co☐ntry		
village 마을	villa☐e		
island 섬	i☐land		

Unit 99 Feelings

영단어	빈칸 채우기	2번씩 쓰기	
great 정말 좋은	□reat		
sorry 미안한	sor□y		
well (건강 상태가) 좋은 / 잘, 좋게	w□ll		
worried 걱정하는	worri□d		
lonely 외로운	lone□y		

Unit 100 Compounds

영단어	빈칸 채우기	2번씩 쓰기	
sunglasses 선글라스	sun□lasses		
sunflower 해바라기	sun□lower		
snowman 눈사람	s□owman		
snowball 눈덩이	snow□all		
toothbrush 칫솔	tooth□rush		

Unit 101 My Town

영단어	빈칸 채우기	2번씩 쓰기	
bookstore 서점	booksto☐e		
bank 은행	b☐nk		
bus stop 버스 정류장	bus s☐op		
post office 우체국	po☐t o☐fice		
flower shop 꽃집	f☐ower s☐op		

Unit 102 Directions

영단어	빈칸 채우기	2번씩 쓰기	
go straight 직진으로 가다	go str☐ight		
go one block 한 블록을 가다	go o☐e ☐lock		
turn right 오른쪽으로 돌다	t☐rn right		
turn left 왼쪽으로 돌다	turn l☐ft		
see on your left 네 왼쪽을 보다	s☐e on your l☐ft		

Unit 103 Time

영단어	빈칸 채우기	2번씩 쓰기	
tomorrow 내일	to☐orrow		
week 주	☐eek		
weekend 주말	wee☐end		
month 월	mon☐h		
year (열두 달로 이뤄진) 해, 1년	y☐ar		

Unit 104 Schedule

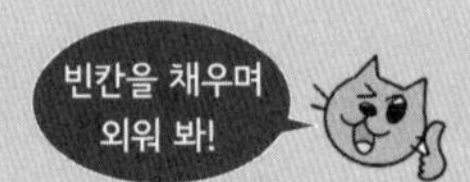

영단어	빈칸 채우기	2번씩 쓰기	
join a camp 캠프에 가입하다	j☐in a ca☐p		
take a dance class 댄스 수업을 받다	take a da☐ce ☐lass		
learn Chinese 중국어를 배우다	le☐rn C☐inese		
wash my dog 내 개를 씻기다	wa☐h my d☐g		
go on a picnic 소풍을 가다	☐o on a p☐cnic		

Unit 105 Multiple Meanings

영단어	빈칸 채우기	2번씩 쓰기	
water 물 / 물을 주다	wa☐er		
brush 솔, 빗 / 빗질하다	bru☐h		
answer 답 / 답하다	☐nswer		
drink 음료 / 마시다	dri☐k		
play 연극 / 놀다	pla☐		

Unit 106 People

영단어	빈칸 채우기	2번씩 쓰기	
handsome 잘생긴	han☐some		
beautiful 아름다운	bea☐tiful		
ugly 못생긴	☐gly		
kind 친절한	kin☐		
smart 똑똑한	s☐art		

Unit 107 Festivals

영단어	빈칸 채우기	2번씩 쓰기
flea market 벼룩시장	fle☐ ma☐ket	
concert 콘서트	co☐cert	
magic show 마술 쇼	magi☐ s☐ow	
food truck 푸드 트럭	fo☐d truc☐	
school festival 학교 축제	s☐hool fe☐tival	

Unit 108 Fairy Tales

영단어	빈칸 채우기	2번씩 쓰기
prince 왕자	pri☐ce	
princess 공주	princ☐ss	
king 왕	kin☐	
queen 왕비	☐ueen	
crown 왕관	cro☐n	

Unit 109 Body

영단어	빈칸 채우기	2번씩 쓰기	
skin 피부	s☐in		
heart 심장	h☐art		
brain 뇌	br☐in		
blood 피	bloo☐		
bone 뼈	bo☐e		

Unit 110 Multiple Meanings

영단어	빈칸 채우기	2번씩 쓰기	
right 옳은, 오른쪽의	ri☐ht		
light 밝은, 가벼운	lig☐t		
bad 나쁜, (음식이) 상한	☐ad		
clear 확실한, 맑은	clea☐		
cool 시원한, 멋진	co☐l		

Unit 111 Activities

영단어	빈칸 채우기	2번씩 쓰기	
take a picture 사진을 찍다	☐ake a pi☐ture		
use the pencil 연필을 쓰다	☐se the pen☐il		
close the window 창문을 닫다	clo☐e the win☐ow		
bring my dog 내 개를 데려오다	b☐ing my do☐		
try this on 이것을 입어 보다	tr☐ this o☐		

Unit 112 Jobs

영단어	빈칸 채우기	2번씩 쓰기	
painter 화가	☐ainter		
scientist 과학자	s☐ientist		
engineer 엔지니어	en☐ineer		
nurse 간호사	nur☐e		
photographer 사진사	photogra☐her		

Unit 113 Hobbies

영단어	빈칸 채우기	2번씩 쓰기
look at flowers 꽃을 보다	lo□k at flo□ers	
grow plants 식물을 기르다	g□ow p□ants	
play board games 보드게임을 하다	pl□y bo□rd games	
draw pictures 그림을 그리다	dra□ pictu□es	
write stories 이야기를 쓰다	□rite sto□ies	

Unit 114 Vacation

영단어	빈칸 채우기	2번씩 쓰기
jump rope 줄넘기하다	jum□ ro□e	
go climbing 등산을 가다	□o clim□ing	
learn about stars 별에 대해 배우다	lear□ about st□rs	
ride a boat 배를 타다	ri□e a □oat	
pick tomatoes 토마토를 따다	□ick tomat□es	

Unit 115 Character

영단어	빈칸 채우기	2번씩 쓰기	
honest 정직한	hon☐st		
clever 현명한	cle☐er		
brave 용감한	b☐ave		
calm 침착한	ca☐m		
lazy 게으른	la☐y		

Unit 116 Things to Wear

영단어	빈칸 채우기	2번씩 쓰기	
pants 바지	☐ants		
jeans 청바지	jea☐s		
earrings 귀걸이	ea☐rings		
boots 부츠	bo☐ts		
mittens (벙어리) 장갑	mi☐tens		

Unit 117 Sports Items

영단어	빈칸 채우기	2번씩 쓰기
bat 야구 방망이	□at	
uniform 유니폼	uni□orm	
racket 라켓	rac□et	
net 그물망	□et	
helmet 헬멧	hel□et	

Unit 118 Plants

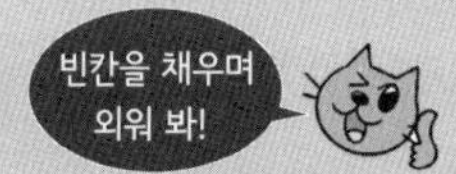

영단어	빈칸 채우기	2번씩 쓰기
seed 씨앗	s□ed	
root 뿌리	roo□	
leaf 잎	lea□	
stem 줄기	st□m	
sprout 새싹	s□rout	

Unit 119 Subjects

영단어	빈칸 채우기	2번씩 쓰기	
art 미술	☐rt		
history 역사	h☐story		
music 음악	mu☐ic		
social studies 사회	so☐ial stud☐es		
subject 과목	su☐ject		

Unit 120 Planets

영단어	빈칸 채우기	2번씩 쓰기	
Venus 금성	Ven☐s		
Mars 화성	☐ars		
Earth 지구	Ea☐th		
Jupiter 목성	Ju☐iter		
Mercury 수성	Mer☐ury		

Unit 121 Numbers

영단어	빈칸 채우기	2번씩 쓰기	
first 첫 번째의	fi☐st		
second 두 번째의	s☐cond		
third 세 번째의	thi☐d		
fourth 네 번째의	fo☐rth		
fifth 다섯 번째의	fi☐th		

Unit 122 Numbers

영단어	빈칸 채우기	2번씩 쓰기	
sixth 여섯 번째의	si☐th		
seventh 일곱 번째의	seven☐h		
eighth 여덟 번째의	ei☐hth		
ninth 아홉 번째의	ni☐th		
tenth 열 번째의	t☐nth		

Unit 123 Price

영단어	빈칸 채우기	2번씩 쓰기	
hundred 100(백)	hu☐dred		
thousand 1,000(천)	thou☐and		
ten thousand 10,000(만)	t☐n thous☐nd		
twenty thousand 20,000(2만)	t☐enty thousan☐		
thirty thousand 30,000(3만)	thi☐ty th☐usand		

Unit 124 Places

영단어	빈칸 채우기	2번씩 쓰기	
airport 공항	air☐ort		
station 역, 정류장	stat☐on		
stadium 경기장	stad☐um		
port 항구	po☐t		
gift shop 기념품 가게	gi☐t shop		

Unit 125 Opposites

영단어	빈칸 채우기	2번씩 쓰기
push 밀다	pu☐h	
pull 당기다	☐ull	
buy 사다	b☐y	
sell 팔다	s☐ll	
start 시작하다	star☐	
stop 멈추다	☐top	

Unit 126 Special Events

영단어	빈칸 채우기	2번씩 쓰기
field trip 현장 학습	fi☐ld tri☐	
Children's Day 어린이날	C☐ildren's Da☐	
school fair 학교 축제	sc☐ool ☐air	
dance contest 댄스 경연	da☐ce cont☐st	
club festival 동아리 축제	clu☐ festi☐al	

Unit 127 Reading

영단어	빈칸 채우기	2번씩 쓰기	
novel 소설	no☐el		
cartoon 만화	ca☐toon		
mystery 추리소설	m☐stery		
email 이메일	☐mail		
diary 일기	diar☐		

Unit 128 Food

영단어	빈칸 채우기	2번씩 쓰기	
beef curry 소고기 카레	☐eef c☐rry		
vegetable pizza 채소 피자	ve☐etable pizz☐		
egg sandwich 달걀 샌드위치	eg☐ sand☐ich		
hot dog 핫도그	☐ot d☐g		
French fries 감자 튀김	Fr☐nch f☐ies		

Unit 129 Free Time

영단어	빈칸 채우기	2번씩 쓰기	
play games 게임(들)을 하다	☐lay g☐mes		
walk my dog 내 개를 산책시키다	☐alk my ☐og		
bake bread 빵을 굽다	ba☐e b☐ead		
dance to music 음악에 맞춰 춤추다	d☐nce to music		
fly a kite 연을 날리다	fl☐ a ☐ite		

Unit 130 Multiple Meanings

영단어	빈칸 채우기	2번씩 쓰기	
wave 파도 / 손을 흔들다	wa☐e		
swing 그네 / 흔들리다	s☐ing		
dress 옷 / 옷을 입다	dre☐s		
ring 반지 / 울리다	ri☐g		
break 쉬는 시간 / 깨다	☐reak		

Unit 131 Materials

영단어	빈칸 채우기	2번씩 쓰기	
glass 유리	☐lass		
plastic 플라스틱	plasti☐		
wood 나무	w☐od		
stone 돌	sto☐e		
metal 금속	me☐al		

Unit 132 Position

영단어	빈칸 채우기	2번씩 쓰기	
behind ~뒤에	be☐ind		
between ~사이에	betw☐en		
beside ~옆에	besi☐e		
around ~주위에	aro☐nd		
across from ~맞은편에	a☐ross from		

Unit 133 Jobs

영단어	빈칸 채우기	2번씩 쓰기	
traveler 여행가	trave☐er		
comedian 코미디언	comedi☐n		
fashion designer 패션 디자이너	fa☐hion desi☐ner		
zookeeper 동물원 사육사	zooke☐per		
pilot 조종사	pi☐ot		

Unit 134 Action

영단어	빈칸 채우기	2번씩 쓰기	
clap 박수를 치다	c☐ap		
nod 고개를 끄덕이다	no☐		
shake 흔들다	s☐ake		
bow 고개를 숙이다	☐ow		
scratch 긁다	scra☐ch		

Unit 135 Home Devices

영단어	빈칸 채우기	2번씩 쓰기	
refrigerator 냉장고	re□rigerator		
vacuum cleaner 청소기	vac□um clea□er		
air conditioner 에어컨	□ir co□ditioner		
washing machine 세탁기	was□ing ma□hine		
microwave oven 전자레인지	micr□wave ov□n		

Unit 136 Action

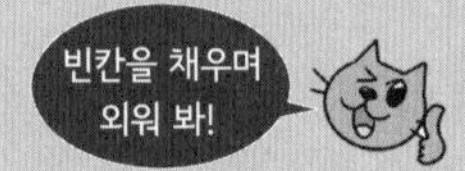

영단어	빈칸 채우기	2번씩 쓰기	
order 주문하다	o□der		
call 전화하다	cal□		
stay inside 안에 머무르다	st□y in□ide		
play outside 밖에서 놀다	□lay o□tside		
send a message 문자를 보내다	se□d a mess□ge		

Unit 137 Nation

영단어	빈칸 채우기	2번씩 쓰기	
Spanish 스페인의	Spa☐ish		
Chinese 중국의	C☐inese		
French 프랑스의	F☐ench		
British 영국의	☐ritish		
Italian 이탈리아의	It☐lian		

Unit 138 Illnesses

영단어	빈칸 채우기	2번씩 쓰기	
headache 두통	heada☐he		
stomachache 복통	stoma☐hache		
toothache 치통	too☐hache		
cough 기침	cou☐h		
runny nose 콧물	run☐y nose		

Unit 139 Advice

영단어	빈칸 채우기	2번씩 쓰기	
go and see a doctor 의사를 만나보다(병원에 가다)	go and ☐ee a do☐tor		
get some rest 쉬다	ge☐ some re☐t		
take some medicine 약을 먹다	ta☐e some me☐icine		
drink warm water 따뜻한 물을 마시다	dri☐k warm w☐ter		
wake up early 일찍 일어나다	w☐ke up e☐rly		

Unit 140 Opposites

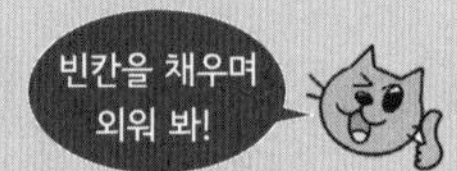

영단어	빈칸 채우기	2번씩 쓰기	
cheap (값이) 싼	c☐eap		
expensive (값이) 비싼	ex☐ensive		
easy 쉬운	☐asy		
difficult 어려운	di☐ficult		
interesting 재미있는	intere☐ting		
boring 지루한	bo☐ing		

Unit 141 Comparative

영단어	빈칸 채우기	2번씩 쓰기	
bigger 더 큰	bi☐ger		
stronger 더 강한	strong☐r		
faster 더 빠른	f☐ster		
heavier 더 무거운	heav☐er		
shorter 더 짧은	s☐orter		

Unit 142 Action

영단어	빈칸 채우기	2번씩 쓰기	
exercise 운동하다	e☐ercise		
upload photos 사진을 올리다	uplo☐d phot☐s		
eat fast food 패스트푸드를 먹다	eat f☐st ☐ood		
wash your car 네 차를 세차하다	☐ash your c☐r		
stay up late 늦게까지 깨어 있다	st☐y up la☐e		

Unit 143 Frequency

영단어	빈칸 채우기	2번씩 쓰기	
once 한 번	o□ce		
twice 두 번	twi□e		
three times 세 번	t□ree ti□es		
four times 네 번	fo□r time□		
five times 다섯 번	fi□e t□mes		

Unit 144 Environment

영단어	빈칸 채우기	2번씩 쓰기	
air pollution 공기 오염(대기 오염)	□ir poll□tion		
noise pollution 소음 공해	n□ise pol□ution		
water pollution 물 오염(수질 오염)	wa□er pollut□on		
fine dust 미세 먼지	fi□e d□st		
global warming 지구 온난화	glo□al wa□ming		

Unit 145 Compounds

영단어	빈칸 채우기	2번씩 쓰기	
moonlight 달빛	mo☐nlight		
starfish 불가사리	star☐ish		
popcorn 팝콘	☐opcorn		
fishbowl 어항	fishbo☐l		
wheelchair 휠체어	w☐eelchair		

Unit 146 Future

영단어	빈칸 채우기	2번씩 쓰기	
eat out 외식하다	e☐t ou☐		
take a walk 산책하다	t☐ke a ☐alk		
have a pet 반려 동물을 기르다	☐ave a ☐et		
make new friends 새 친구들을 사귀다	m☐ke new frien☐s		
take a trip 여행하다	tak☐ a ☐rip		

Unit 147 Advice

영단어	빈칸 채우기	2번씩 쓰기	
look left and right 왼쪽과 오른쪽을 보다	l☐ok le☐t and ri☐ht		
stop at the red light 빨간불에 멈추다	s☐op at the r☐d light		
use the crosswalk 횡단보도를 이용하다	☐se the c☐oss☐alk		
stay behind the line 선 뒤에 있다	s☐ay be☐ind the li☐e		
wear your seatbelt 네 안전벨트를 매다	w☐ar your seat☐elt		

Unit 148 Environment

영단어	빈칸 채우기	2번씩 쓰기	
save 아끼다	sa☐e		
recycle 재활용하다	r☐cycle		
reuse 재사용하다	re☐se		
turn off 끄다	t☐rn o☐f		
reduce 줄이다	r☐duce		

Unit 149 Environment

영단어	빈칸 채우기	2번씩 쓰기	
clean a park 공원을 청소하다	cle☐n a p☐rk		
pick up trash 쓰레기를 줍다	pic☐ up t☐ash		
use the stairs 계단을 이용하다	u☐e the sta☐rs		
reuse bottles 병들을 재사용하다	reus☐ bo☐tles		
take a short shower 짧게 샤워하다	ta☐e a s☐ort s☐ower		

Unit 150 Special Events

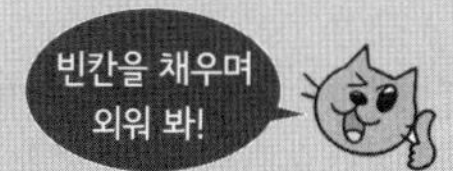

영단어	빈칸 채우기	2번씩 쓰기	
birthday party 생일 파티	bi☐thday p☐rty		
graduation 졸업식	gra☐uation		
talent show 장기 자랑 대회	tal☐nt sh☐w		
movie festival 영화 축제	m☐vie festi☐al		
sports day 운동회	s☐orts da☐		

Unit 151 Body

영단어	빈칸 채우기	2번씩 쓰기	
finger 손가락	fi☐ger		
toe 발가락	to☐		
elbow 팔꿈치	e☐bow		
shoulder 어깨	☐houlder		
knee 무릎	kn☐e		

Unit 152 Vegetables

영단어	빈칸 채우기	2번씩 쓰기	
pumpkin 호박	pum☐kin		
cabbage 양배추	cab☐age		
spinach 시금치	spina☐h		
cucumber 오이	cuc☐mber		
garlic 마늘	garli☐		

Unit 153 Figures

영단어	빈칸 채우기	2번씩 쓰기	
square 정사각형	s☐uare		
triangle 삼각형	tri☐ngle		
circle 원형	ci☐cle		
rectangle 직사각형	re☐tangle		
oval 타원형	o☐al		

Unit 154 Opposites

영단어	빈칸 채우기	2번씩 쓰기	
rich 부자인	ric☐		
poor 가난한	p☐or		
curly 곱슬곱슬한	☐urly		
straight 곧은	str☐ight		
noisy 시끄러운	nois☐		
quiet 조용한	qui☐t		

Unit 155 Feelings

영단어	빈칸 채우기	2번씩 쓰기	
shocked 충격을 받은	shoc☐ed		
nervous 긴장한	ner☐ous		
upset 화가 난	u☐set		
friendly 다정한	friendl☐		
serious 진지한	se☐ious		

Unit 156 Insects

영단어	빈칸 채우기	2번씩 쓰기	
ladybug 무당벌레	lady☐ug		
mosquito 모기	mos☐uito		
moth 나방	☐oth		
butterfly 나비	bu☐terfly		
grasshopper 메뚜기	grassho☐per		

Unit 157 Continents

영단어	빈칸 채우기	2번씩 쓰기	
South America 남아메리카	Sou☐h Americ☐		
North America 북아메리카	☐orth ☐merica		
Europe 유럽	E☐rope		
Asia 아시아	A☐ia		
Oceania 오세아니아	Oce☐nia		
Africa 아프리카	A☐rica		

Unit 158 Disasters

영단어	빈칸 채우기	2번씩 쓰기	
earthquake 지진	earth☐uake		
typhoon 태풍	t☐phoon		
flood 홍수	☐lood		
drought 가뭄	dro☐ght		

Unit 159 Things To Do

영단어	빈칸 채우기	2번씩 쓰기	
check 확인하다	c☐eck		
remember 기억하다	reme☐ber		
repeat 반복하다	re☐eat		
practice 연습하다	pra☐tice		
focus 집중하다	foc☐s		

원어민 MP3 제공 | 바빠 영단어 | 12,000원

단어가 오래 남는 과학적 학습법

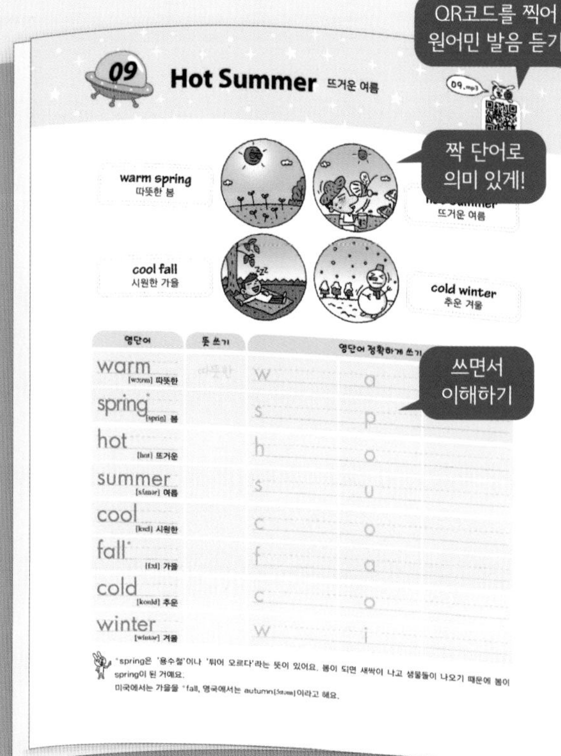

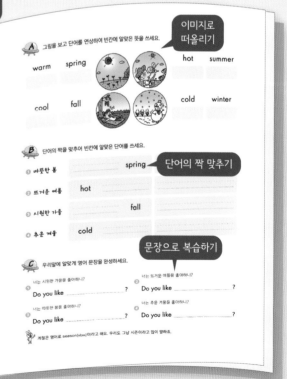

※바쁜 5·6학년을 위한 빠른 영단어도 있어요!

바빠 초등 필수 영단어

초등 학년별 어휘 800개 한 권으로 총정리

특별부록 영단어 쓰기 노트

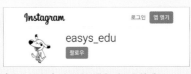